8º R
20181

AF223541

Le Sillon

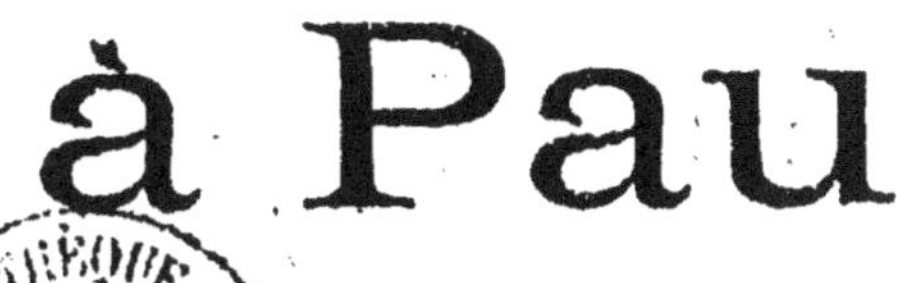

à Pau

" JOURNÉE " DU 6 AOUT 1905

(RAPPORT ET DISCUSSIONS

En vente :

AU SILLON, 4, RUE GAMBETTA, PAU

Le Sillon à Pau

"JOURNÉE" DU 6 AOUT 1905

(RAPPORT ET DISCUSSIONS)

En vente :

AU SILLON, 4, RUE GAMBETTA, PAU

8° R
20181

AVANT-PROPOS

La présente brochure contient :

1º Le compte-rendu d'ensemble de la « Journée Sillon » d'après « *la Vie Fraternelle* » et « *le Sillon de Toulouse* ».

2º La réunion préparatoire du samedi soir 5 août.

3º Le Rapport général du camarade Boutilhe.

4º La discussion du Rapport.

5º Le compte-rendu de la Réunion publique d'après le « *Patriote des Pyrénées* ».

Les camarades qui furent des nôtres les 5 et 6 août seront heureux d'en renouveler ainsi et fixer le souvenir. Ceux qui ne purent venir y trouveront une sorte de compensation. Nous espérons que d'autres encore tireront profit de cette lecture et qu'elle leur donnera une idée pas trop incomplète ni trop banale du Sillon.

LA "JOURNÉE SILLON" DE PAU

(Nous empruntons le compte-rendu suivant à « La Vie fraternelle », organe du Sillon de Bordeaux et du Sud-Ouest).

Vous voulez l'appeler un Congrès ? Soit ! Mais alors le plus modeste des Congrès, le plus humble de France et de Navarre.

Nous fûmes soixante à peine, et encore le total ne fut atteint qu'à la séance de travail du dimanche. Pau y comptait pour une vingtaine. Les autres étaient venus d'Oloron, d'Orthez, de Pontacq, de Monein, d'Ossun, de Rontignon, d'Aast, de la ville et de la campagne, quoi ! et je n'ai garde d'oublier l'excellent Caseneuve, de Toulouse, non plus que les infatigables Pérotin et docteur Duvergey, de Bordeaux, la mère-patrie. Une mère-patrie a toujours des devoirs envers sa colonie.

Ainsi donc, le nouveau-né Sillon de Pau et des environs se montrait à la lumière et essayait ses premiers pas.

Il n'en a pas moins produit son effet pour cela. Pour la première fois, dans nos rues, on voyait les épis du Sillon rougeoyer fortement les revers de nos vestes, aussi bien que les soutanes des abbés. Sur notre passage, le bon public se perd en conjectures. Ce sont des pèlerins de Lourdes en ballade à Pau, observe-t-on autour de nous. D'autres, non moins intrigués, mais trompés sans doute par nos bonnes mines ainsi que par l'opulente rondeur de nos épis, supposent avec esprit que c'est une fête de garçons boulangers.

Mais il est huit heures : on se rend à la messe, à la chapelle de Sainte-Ursule où les bonnes religieuses, à la veille de leur départ, nous ont donné de grand cœur l'hospitalité. Après l'Evangile, M. l'abbé Lasplaces rappelle la nécessité pour un bon Silloniste d'appuyer son apostolat du dehors sur une forte vie intérieure, alimentée par la prière et par la pratique des sacrements. Au chant du *Credo*, les voûtes du paisible sanctuaire, habituées seulement aux douceurs de l'encens et des mélodies féminines, retentissent de voix mâles qu'elles ne connaissaient pas, tandis que de l'intérieur du cloître des regards discrets se coulent entre les grilles pour recueillir quelque chose de la nouveauté du spectacle. Puis, pendant la communion et jusqu'à la fin de la messe, ce sont les chants du Sillon, « l'Epi », « Tout à la Cause », etc., que l'orgue fait entendre en reprises variées. Il fallait que tout cela fût bien beau dans sa simplicité pour qu'à la sortie une brave femme demande avec ravissement s'il y aura désormais tous les dimanches une messe comme ça ? — Non, non, lui est-il répondu, une fois par an seulement. — Et qu'est-ce donc que cette Société-là ? — Eh ! c'est le Sillon ! ! ?...

A neuf heures et demie, la séance de travail s'ouvre sous la présidence du docteur Duvergey. Après avoir dit la bienvenue aux congressistes qui sont tous là à présent, et exhorté au travail pendant les courtes heures qui sont à notre disposition, le président donne la parole au camarade Boutilho pour la lecture du rapport général qu'il a établi en partie sur les données des vingt-sept rapports particuliers que nous avons reçus en réponse à notre Questionnaire. Cette lecture est écoutée avec une vive attention que justifie d'ailleurs la force, l'abondance et la clarté de ce travail où se trouvent, ainsi que l'a fait remarquer le docteur Duvergey, « réunies et condensées à peu près toutes les idées qui forment le patrimoine du Sillon à l'heure actuelle ». N'y aurait-il pas moyen de l'avoir entre nos mains ? ont déjà demandé plusieurs camarades après l'avoir entendu et goûté.

Dans l'espoir de le posséder bientôt et dans l'impossibilité d'ailleurs de le résumer, il faut dire seulement que dans une *première partie toute théorique*, Boutilho étudie le mouvement du Sillon en lui-même, s'attache à décrire ou mieux à faire ressentir cette vie du Sillon qui est la nôtre, à préciser son but qui est « de ne faire du catholicisme qu'avec la démocratie, et de la démocratie qu'avec le catholicisme », à faire voir enfin sa raison d'être en face et à côté des autres groupements catholiques.

Dans une *seconde partie pratique*, Boutilho fait un court historique du mouvement du Sillon en France depuis ses premières origines, puis il en vient à notre petit Sillon de Pau qu'il montre se dégageant peu à peu des langes du berceau, s'émancipant du huis clos qui le retint quelques mois dans le cabinet de travail de Joseph Viguerie et affirmant enfin son existence, il y a quatre mois, par l'ouverture de la *Permanence*, 4, rue Gambetta. Il termine en signalant quelques moyens, indiqués d'ailleurs par les réponses au Questionnaire, pour faire pénétrer le Sillon et son esprit dans les régions représentées au Congrès, et notamment dans les campagnes.

Une discussion intéressante s'élève alors sur les deux parties de cette conférence. Si elle n'a pas fait parler beaucoup les jeunes camarades des Sillons voisins, — ils parleront davantage la prochaine fois, — du moins elle les a éclairés, de leur propre aveu, sur les doctrines fondamentales parmi nous de démocratie, d'élite, de conciliation de l'intérêt particulier et de l'intérêt général, etc. « J'en ai plus appris, disait un novice du Sillon, en deux heures de cette conversation animée qu'en trois mois d'études dans les livres ».

Le samedi soir, dans une réunion préparatoire, on avait commencé à rechercher en commun les meilleurs moyens de répandre l'esprit du Sillon à la campagne. On revint à cette question à la fin de la séance de travail, et sans exclure absolument le système qui consiste à réunir en cercle d'études un assez grand nombre de jeunes gens, parmi lesquels s'opèrera peu à peu une sélection en faveur de l'idée silloniste, cependant on s'accorde à peu près pour recommander surtout la méthode de propagande qui consiste à former les individus l'un après l'autre.

On passa ensuite au banquet, qui fut tout à fait démocratique certes, s'il est vrai que la démocratie que nous voudrions voir régner partout ne repousse ni l'excellence des mets ni l'entrain des chansons, ni l'esprit tour à tour et l'élévation des toasts parmi le pétillement du champagne. Dans son toast, Pérotin nous parle de ce qu'il connaît de meilleur dans le Sillon, la Jeune Garde, tandis que Duvergey, s'inspirant très heureusement de l'Evangile du jour qui raconte la transfiguration du Christ, nous avertit que s'il fait bon être ensemble aujourd'hui, nous ne devons pas oublier que la condition de notre existence est de nous séparer bientôt, pour retourner chacun à notre humble et pénible tâche. Retournons-y avec courage et des forces nouvelles.

A quatre heures, au salut du Saint-Sacrement, présidé par M. l'Archiprêtre de Saint-Martin, une dernière bénédiction de Dieu, et la *Journée Sillon* étant finie, les uns repartent rapidement, les autres se mettent en devoir d'aller au meeting inscrit dans le programme. Si l'abbé Kempf avait été là (rendez-vous quand même, abbé Kempf), il n'aurait rien trouvé dans ce meeting de commun avec celui du Ballon d'Alsace, et je suis sûr que Pérotin lui-même en a vu de plus beaux. Mais ce qu'on

n'a pas vu certainement ailleurs, c'est, avec les monta-
gnes d'un côté et la ville de Pau de l'autre, un plus
ravissant panorama. Et surtout, à la faveur de cette fraternelle promenade, on put continuer à parler du Sillon
et se raconter les impressions de la journée, sans
compter que nous posâmes devant Boutilho qui joint à
beaucoup d'autres talents celui de photographe.

Enfin le soir, dans une conférence publique et contradictoire, Duvergey faisait applaudir nos idées par un
nombreux public et achevait de conquérir au Sillon son
droit de cité dans la ville de Pau.

Nous croyons que cette journée a été bonne pour
nous.

Nous lisons dans le « Sillon de Toulouse et du Midi » :

« Le dimanche 6 août, s'est tenu à Pau un Congrès
régional du Sillon. Un grand nombre de camarades
assistaient aux diverses réunions remplies d'enthousiasme et empreintes de la plus grande fraternité. Le
soir, le Docteur Duvergey, chef de clinique à la Faculté
de Bordeaux, donnait sur le sujet : « Catholicisme et
démocratie », une brillante conférence publique, qui a
obtenu le plus beau succès. Notre camarade Caseneuve,
délégué officiel du Sillon de Toulouse et du Midi, a pris
une part active aux travaux du Congrès. Il a été heureux
de porter à nos amis le salut fraternel des Toulousains,
et a bu au Sillon de Pau, « qui prie, qui travaille et qui
s'affirme enfin ».

1re SÉANCE DE TRAVAIL

(RÉUNION PRÉPARATOIRE)

Samedi, 5 août, 9 h. du soir.

Caseneuve, du Sillon de Toulouse, préside, assisté de Pérotin, du Sillon de Bordeaux, et de Viguerie. Après avoir remercié les camarades palois de l'honneur qu'ils lui font en l'invitant à présider cette première séance de travail, il annonce qu'une question pratique très importante que l'on va étudier ce soir, est celle de savoir comment il faut s'y prendre pour faire pénétrer l'esprit et les idées du Sillon, surtout dans les milieux ruraux.

Tout d'abord, il y a deux méthodes qui s'offrent au choix. On peut premièrement créer un groupe, un cercle d'étude sans étiquette ni couleur imposée au préalable, et une fois le groupe formé et travaillant déjà, chercher petit à petit à lui inculquer les idées du Sillon, à le pénétrer de son esprit. Ou bien, au contraire, on tâchera, dans chaque localité, de trouver d'abord un homme capable de comprendre le mouvement du Sillon ; en causant avec lui, en lui indiquant certaines lectures soigneusement graduées et choisies, on en fera un adepte du Sillon, qui essaiera à son tour et par les mêmes moyens de gagner quelqu'un de ses camarades, de former d'autres adeptes et comme d'autres lui-même.

En faveur de la première méthode, on a cité le cas d'une commune rurale des Basses-Pyrénées, comptant seulement 180 habitants, dont le curé, zélé partisan du Sillon, annonçait un jour en chaire que les jeunes gens qui voudraient s'instruire plus à fond des questions religieuses et sociales n'auraient qu'à se rendre tel soir au presbytère après l'*Angelus*. Sans autre démarche ni propagande, ils étaient au premier rendez-vous 8 jeunes gens et 3 autres s'excusaient de ne pouvoir venir cette fois, en promettant de venir aux autres réunions.

Ardeur juvénile

Ce fait prouve pour le moins qu'il n'est pas de village, si humble soit-il, où l'œuvre de l'éducation populaire doive être à l'avance réputée impossible, puisqu'à un appel si général tant de bonnes volontés répondent du premier coup. Mais cependant, soit crainte de se trouver en face d'une exception fortuite, d'un heureux hasard, soit défiance bien naturelle à l'égard d'un fait trop récent pour pouvoir juger de la méthode elle-même (1), l'on a paru unanimement préférer la seconde méthode, celle de l'action moins brillante, mais plus positive, d'individu à individu, celle des *conquêtes successives*. Et cela se comprend facilement, si l'on se rappelle qu'il s'agit de communiquer non quelques idées, quelques connaissances théoriques, un système scientifique, mais tout un ensemble de conceptions, de sentiments, de méthodes, d'impressions, en un mot *une vie ;* et c'est d'âme à âme, en colloque intime, que la vie se répand et s'engendre dans une plénitude parfaite. D'ailleurs, d'autres expériences déjà faites viennent corroborer cette manière de voir, et autorisent à y mettre la plus grande confiance.

Action individuelle

Pas une science. mais une vie.

Supposez surtout une paroisse rurale dont le curé n'aime pas les idées du Sillon, c'est la méthode qu'il faudra employer de préférence, puisqu'en dehors du curé, il n'y aura probablement personne capable

(1) Nous avons eu depuis d'excellentes nouvelles de ce cercle d'études.

Des apôtres

de diriger et de faire vivre un cercle d'étude, tandis qu'on aura plus vite fait de former un jeune homme qui sera ensuite dans son milieu l'apôtre de ses idées.

Quant aux prêtres de paroisse favorables au Sillon, ils ne devraient pas dire qu'ils n'en connaissent pas parmi leurs jeunes gens qui soit susceptible de devenir cet élu et cet apôtre. Qu'ils le cherchent parmi les plus intelligents et les plus chrétiens ; car, dit Caseneuve, cet « oiseau rare » existe cependant ; il doit exister quelque part, il faut seulement le dénicher. *Il faut partir de cette foi.* Il faut partir de cette foi aussi que nos idées sont de nature à plaire, à gagner l'assentiment de beaucoup : ce sont des idées d'élévation, d'émancipation, de conscience, de responsabilité ; elles reconnaissent, consacrent et fondent le sentiment de la dignité personnelle de chaque individu humain ; elles font entendre à tous sans distinction le même appel à une plus haute valeur intellectuelle et morale, le même appel, la même invitation à la réalisation de la Démocratie. Quelle impression profonde et agréable pense-t-on que produira sur un paysan qui réfléchit ce discours nouveau, ce langage auquel il n'était pas habitué et qui pourtant fait si bien écho au sentiment de sa pleine indépendance dans sa maison et dans son champ, et comme il ira droit à des idées qui l'honorent en l'élevant !

Non, il n'est pas gâté le paysan de nos campagnes (1), à la différence de l'ouvrier des villes qui va toujours entouré d'une certaine considération, d'un certain respect au moins apparent, et qui vit toujours un minimum de vie professionnelle et civique,

(1) Voir *Lettres d'un Curé de campagne*, par Yves Le Querdec, p. 133.

juste assez pour se blaser rapidement sur la terminologie retentissante et banale des faux démocrates dont il subit régulièrement les harangues.

Donc, à la campagne pas plus qu'ailleurs, jamais de découragement. Le terrain n'est pas si mauvais, ni non plus les conditions de travail. S'il n'y a pas encore de Cercle d'étude du Sillon, *il y aura le Sillon quand même*, si le ramenant de très loin peut-être vous avez su trouver quelqu'un qui comprenne le Sillon et qui l'aime.

Le Sillon aux champs

On demande alors quelle peut être l'action du prêtre qui veut travailler pour le Sillon, et *laquelle des deux est plus efficace*, de l'action du prêtre ou de celle du laïc. On répond que dans un groupe-Sillon déjà formé, il n'y a pas de difficulté, le prêtre se sent bien chez lui, l'expérience l'atteste abondamment, et toute son influence peut s'y déployer à son aise (1). De même, une fois gagnés au Sillon, les individus isolés accepteront et iront même lui demander ses conseils et son appui, et dans cette sphère, le prêtre a de par sa mission officielle et surnaturelle un rôle à remplir qu'un laïc ne remplirait pas toujours également bien (2). Mais s'il s'agit

Action du prêtre et action du laïc

(1) Notre camarade Casenouve, qui passe sa vie sur les chemins en sa qualité de voyageur de commerce, a noté à ce propos qu'avant de fréquenter le Sillon, il a rarement rencontré des prêtres qui consentissent à causer et à discuter avec un simple fidèle comme lui, tandis qu'une de ses plus grandes satisfactions est de voir les prêtres sillonistes lui parler avec simplicité et l'écouter volontiers comme leur camarade. Il n'a jamais remarqué, ajoute-t-il, que le respect dû au caractère sacerdotal y eût perdu pour cela.

(2) Cette action du prêtre au Sillon reste pourtant distincte des fonctions du ministère paroissial remplies en vertu du titre officiel de curé ou vicaire. « Les groupe-

de préparer la fondation d'un Cercle d'étude purément et simplement, suivant la première méthode susmentionnée, alors il se pourra que l'action d'un jeune homme parmi ses égaux arrive à ses fins plus sûrement que l'action du prêtre, celui-ci étant presque toujours soupçonné d'agir pour des vues personnelles, et d'avoir quelque intérêt caché dans tout ce qu'il entreprend ou propose aux autres.

Je veux répondre à cette dernière observation, reprend Caseneuve, et j'affirme, ainsi que je l'ai souvent constaté, que le prêtre se fera écouter sans défiance partout où il parlera avec plaisir à ses gens, prendra en main leur cause simplement et sans détours, défendra leurs intérêts. Parlez du cœur, et vous irez au cœur. Au fond, si le campagnard se défie de son curé, c'est qu'il se donne trop souvent et presque à son insu comme le tenant, le défenseur d'un passé de choses et d'idées impopulaires. Le campagnard étant imbu lui aussi de l'esprit moderne dont tout n'est pas si mauvais, évitez de paraître à ses yeux d'un autre temps, rétrograde et intransigeant, hostile au progrès et au mouvement des idées; vous le détromperez petit à petit sur les préjugés qu'il nourrissait à votre égard, et vous lui plairez sans pouvoir être accusé de le flatter.

On pose ensuite une question : Que penser de cette façon de procéder qui consiste à former un Cercle d'étude avec toutes les bonnes volontés qui se présentent et qu'on accueille indistinctement,

ments du Sillon ne sont donc pas, comme les patronages paroissiaux, des sociétés de jeunes gens dirigées par le clergé ou des laïques délégués par lui. » « Le Sillon n'est pas une institution officielle de l'Eglise ». (Le Sillon : Esprit et Méthodes, p. 25, note 1).

puis à laisser s'opérer un triage, jusqu'à ce qu'enfin, *par des éliminations successives* et volontaires, on obtienne cette individualité sérieuse et forte avec laquelle on recommencera à marcher ?

On s'accorde à reconnaître que cette manière de faire présenterait de graves inconvénients. Ces éliminations — lisez : *ces défections* — successives seront du plus mauvais effet sur les membres qui resteront : il est à craindre que le découragement ne les gagne et le directeur lui-même avec eux ; pour recommencer un nouvel essai, il ne restera, avec le souvenir du premier échec, qu'une vaste sensation de faiblesse ; enfin, aux yeux du public, l'œuvre en elle-même risquera d'en être discréditée. Il vaudra donc toujours mieux au début de son action s'assurer une individualité solide, c'est le 1ᵉʳ *travail* à faire ; ensuite — 2ᵉ *travail* — autour d'elle comme autour d'un point fixe et inébranlable, on formera le groupement, lequel pourra ne comprendre d'abord que deux ou trois camarades, mais qui ira se fortifiant et s'enrichissant graduellement de nouveaux membres.

Autre question : A qui faut-il s'adresser à la campagne, aux hommes faits ou aux jeunes gens ?

Les uns avec Caseneuve préfèrent qu'on aille aux hommes faits, entre 25 et 40 ans. Il y a chance, en effet, que la caserne ait dégrossi les jeunes ruraux, et que le retour au foyer et à la vie des champs les trouve plus sérieux, de sens plus rassis, plus intéressés et plus sollicités par l'étude des questions agricoles et sociales.

A Cadours, Garac, et dans deux ou trois autres communes rurales de la Haute-Garonne voisines les unes des autres, l'expérience a entièrement réussi. Trop peu nombreux pour avoir autant de cercles que de localités, les camarades ne forment *qu'un*

Le danger du
nombre

Double travail

A qui il faut
aller

Près
de Toulouse

seul cercle qui travaille le dimanche et se transporte de commune en commune à tour de rôle. Mais ces terriens ont parfaitement *compris* nos idées et nos aspirations, et notre mouvement les *enthousiasme* littéralement.

Pérotin, lui, prétend qu'on peut s'adresser avec succès aux jeunes gens de la campagne, dès avant le service militaire, et dit qu'à Langon (Gironde), il existe un Cercle de jeunes gens de 15 à 18 ans qui se réunissent le soir sur semaine (1).

Quelqu'un ayant signalé la difficulté qu'il y a peut-être pour les jeunes prêtres — les seuls presque d'ailleurs qui aient été orientés vers ce genre d'apostolat — à aborder les hommes plus âgés qu'eux, Caseneuve dit qu'il ne la nie pas, et que c'est même une raison de plus pour les prêtres de faire des Cercles élémentaires avec les enfants et jeunes gens qu'ils ont préparés eux-mêmes à la première communion, et qu'enfin il n'a pas conseillé un travail difficile pour détourner d'une besogne plus facile et également urgente. Mais il ajoute qu'ici la timidité n'est pas de mise pour un prêtre fort de sa mission. Il suffit d'être un catholique sincère et éclairé pour souffrir du malentendu persistant qui sépare le catholicisme intégral de la masse du peuple prévenu contre nous; et qui se range toujours du côté de ceux qui nous combattent, état de choses qui cessera seulement le jour où l'on sera catholique à la fois et homme de son temps. Et le prêtre donc, qui a officiellement la charge de la religion

----

(1) Est-ce que Langon, plutôt qu'une campagne, n'est pas surtout un centre ouvrier et industriel où les jeunes gens dont Pérotin a parlé travaillent à l'usine et non aux champs, et n'avons-nous pas vu des affiches rouges du Sillon de Langon portant en première ligne le titre à effet de « Ville de Langon » ?

dans le monde, manquerait de hardiesse et d'assurance ! Le prêtre devant souffrir plus que personne de ce malentendu si regrettable, de ces préjugés qui éloignent de lui et le gênent considérablement dans sa mission, ne négligera pas pour les combattre un moyen si efficace et si simple à la fois ; s'il comprend et s'il aime son temps, quelque jeune qu'il soit, il ne se sentira gêné devant personne, mais *il lui suffira de se faire connaître tel qu'il est*, pour conquérir d'emblée l'attention et la confiance de tous.

Comme l'heure s'avance, Viguerie annonce qu'on étudiera demain, quand tous les camarades seront présents, deux projets, l'un de prêt-revue, l'autre de correspondance périodique à établir entre Pau comme centre et les groupes ou individus sillonistes du département. Pour ce soir, il demande ce que pensent les camarades de nos deux revues, « *le Sillon* » et « *la Vie Fraternelle* ».

L'un trouve « *le Sillon* » plus intéressant et plus varié que « *la Vie Fraternelle* » mais moins compréhensible. Il serait à désirer cependant que l'on apporte plus de simplicité et de clarté dans l'exposé des idées du Sillon : si elles sont faites pour le peuple, il faut s'efforcer de les rendre accessibles aux esprits de moyenne portée. — Un autre dit que, pour le supplément régional au moins, la forme journal vaudrait mieux que la forme revue : on voit la revue, on ne la lit pas, et puis quand on écrit pour un journal, on se préoccupe davantage de faire un article vivant, alerte et populaire, sans que la valeur littéraire ait nécessairement rien à y perdre. Un sentiment de modestie sans doute empêche Caseneuve de dire que pour ces raisons et d'autres peut-être, le Sillon de Toulouse vient de transformer sa Revue en Journal. On donne ce renseignement à sa place, et il ajoute alors qu'à cette transformation, le prix de l'abonnement seul a baissé (1 fr. au lieu de 3 fr. 50). — Enfin, un autre camarade maintient quand même l'utilité de la revue régionale, et la préfère au journal pour les lycées et collèges, parce qu'une revue y pénètre toujours mieux qu'un journal (1), parce que les élèves veulent d'une part être traités en intellectuels, et que d'autre part « *le Sillon* » ne leur présente actuellement qu'un texte trop fort.

Il est plus de 10 heures. Pendant que quelques camarades se lèvent pour aller à la gare à la rencontre du Dr Duvergey, le président propose de continuer la causerie et invite à poser des questions.

40 minutes de retard

Un camarade d'Ossun demande qu'on lui indique comment on pourra faire connaître et aimer à un jeune homme l'Idéal du Sillon.

Toute la question

Successivement, plusieurs réponses sont faites :
1° montrer au jeune homme quels sont ses droits et ses devoirs dans la société actuelle.

2° Lui montrer que le Sillon veut réaliser avec la Démocratie l'ascension intellectuelle, morale et matérielle de ses membres.

3° Lui expliquer les doctrines sociales du Sillon.

Il insiste et précise sa question en disant qu'il veut savoir *par quels moyens pratiques on peut attirer* au Sillon un jeune homme chrétien d'ailleurs.

Plus de clarté

Nouvelle réponse : Il serait bon de lui raconter comment tel et tel sont arrivés eux-mêmes au Sillon. On aurait ainsi comme des sortes de monographies sillonistes qui apporteraient avec elles la

---

(1) Le journal fait penser de suite à la politique, et par là éveille les méfiances de l'autorité.

force toute particulière de l'exemple et de l'expérience.

Clouchet ajoute qu'à ce point de vue, rien n'est intéressant et utile comme de lire les anciens numéros de la Revue. On refera ainsi pour son propre compte le chemin que le Sillon a fait depuis ses origines. On verra à quels besoins profonds de la société contemporaine il prétendait répondre, par quelles étapes s'appelant l'une l'autre il a réalisé son programme si large et si général du début, pour en arriver à son état actuel de précision et de développement qui n'a lui-même rien de définitif, mais qui sera ultérieurement perfectionné et dépassé (1).

Puisqu'il a été question de notre Idéal du Sillon, Caseneuve dit que pour présenter cet idéal dans tout son éclat et toute sa force aux intelligences droites et aux cœurs nobles, il faut nous persuader fortement que nous possédons nous catholiques, dans notre Religion et spécialement dans notre Sillon, la synthèse de tout ce qui se trouve de juste, de bon, de vrai, de beau, épars et mutilé dans les autres systèmes. Nous n'avons pas à craindre d'être en retard sur n'importe qui. Partout où une pensée humaine s'élève, soyons convaincus qu'il doit exister un courant parallèle d'idée chrétienne qui la contient, l'absorbe et la purifie. On nous montre un idéal humain : sachons-y répondre par un idéal chrétien où il rentre et se vérifie plus complètement encore. Grand motif de confiance pour tous ceux qui s'essaient à comprendre la société moderne, et

(1) Voir, dans « *le Sillon* » du 10 septembre 1905, toutes ces idées confirmées et développées dans l'article : *Comment on vient au Sillon*, par Georges Renard. Aux moyens proposés, il convient d'ajouter la *participation aux Congrès du Sillon*.

qui se rendant compte de ce qu'il y a d'initialement et d'inconsciemment chrétien en elle, ont trouvé là-même le chemin le plus sûr pour la ramener un jour entièrement à Dieu et à l'Eglise.

Enfin un camarade de Pontacq voudrait savoir si on peut accepter comme membres honoraires du Sillon et de nos Cercles d'études des gens qui ne sont pas du Sillon. — Certes, sans aller jusqu'à dire avec le Juif que l'argent sent toujours bon, la chose ne souffre pas de difficultés : c'est un succès que cette clientèle qui se formerait autour des Cercles d'études. On ne peut que le souhaiter et la voir grandir partout (1).

La séance est levée à 10 h. 1/4.

(1) Pour parler exactement, le Sillon n'étant pas une œuvre pie, ni une société de philanthropie, ni une société de secours mutuels, il ne peut pas y avoir au Sillon de membres honoraires. Il y a seulement des camarades plus ou moins actifs et diverses formes de concours. Si donc dans cet entourage, dans cette « *clientèle* » sympathique au Sillon, quelque personne fortunée vient l'aider pécuniairement.... qu'est-ce qui s'y opposerait ? Mais cette personne, par le fait, et bien que n'exerçant aucune action extérieure, sera du Sillon.

Donc, pas de *membres honoraires* d'abord, et surtout *qui ne soient pas du Sillon !*

2ᵉ SÉANCE DE TRAVAIL

Dimanche, 6 août, 9 h. 1/2.

Président : Dᵣ DUVERGEY, président du Sillon de la Gironde.

Duvergey ouvre la séance par la prière, et après avoir rappelé que le devoir rigoureux d'un bon Silloniste est de connaître à fond les idées et les méthodes du Sillon, il donne immédiatement la parole au camarade Boutilhe qui va nous les exposer dans son Rapport.

RAPPORT GÉNÉRAL

DU CAMARADE BOUTILHE SUR LE SILLON

Mes chers Camarades,

Un de nos amis de la campagne nous demandait, il y a quelque temps, de réunir dans une journée de fraternelle cordialité les membres épars du Sillon qui travaillaient à l'œuvre commune dans notre département. Nous accueillîmes son idée avec joie, et il nous sembla qu'il ne pourrait que nous être très utile et très agréable de resserrer les liens d'amitié qui doivent unir les défenseurs de notre cause, de développer en nous l'âme commune du Sillon, et aussi de nous entretenir de nos travaux passés, des difficultés vaincues, et de nos mutuelles espérances. Nous vous remercions tous, vous qui avez répondu à notre appel. Je sais que l'heure se prêtait mal au succès d'un Congrès, que nos camarades des collèges sont partis jouir de leurs vacances, que bien des prêtres ont été retenus près de leur troupeau par les devoirs de leur ministère que tous les travailleurs des champs n'ont pu s'arracher à leur labeur si fatigant à ce moment de l'année : plusieurs d'entre vous ont dû faire, je le sais, un véritable sacrifice et un acte de vrai Sillonniste en venant travailler et prier avec nous. Nous ne sommes donc pas réunis aujourd'hui pour en imposer par notre grand nombre à nos adversaires, ou pour étaler complaisamment nos insignes aux yeux d'une ville étonnée, mais pour connaître et par suite pour aimer davantage notre belle et sainte cause. Je m'en vais essayer de vous dire le plus brièvement possible ce que c'est que le Sillon et ce qu'il attend de nous. Je n'aurai d'ailleurs pour cela qu'à m'inspirer de vos propres réponses (1), car elles montrent que vous avez pleinement conscience de l'œuvre à laquelle vous avez donné votre vie.

(1) Un questionnaire avait été envoyé avant le Congrès à chaque Cercle d'études et aux membres isolés ; il leur était posé diverses questions sur les principes fondamentaux du Sillon et sur des points de pratique. Nous reçumes vingt-sept rapports particuliers.

Qu'est-ce que le Sillon ?

La première question à nous poser en faisant
l'étude du Sillon, est celle de sa définition ; mais
nous nous heurterions à un obstacle insurmonta-
ble si nous voulions l'aborder de front, car il nous
faudrait d'abord étudier tous ses principes, connaître toutes ses méthodes, vivre de sa vie ; et on
ne saurait faire rentrer dans les limites étroites
d'une seule phrase un mouvement si complexe et
si riche, car il n'a pas été décrété par quelque cons-
tructeur de cités futures, élaborant tout un avenir
dans son cabinet de travail ; il n'est pas sorti tout
fait du cerveau de quelque rêveur ou d'un politicien
arriviste ; il est né des besoins et des aspirations
de l'heure présente. A la veille de la crise sociale et
religieuse où nous nous trouvons, il marque l'effort
de tout une jeunesse ardente vers la réalisation de
la Démocratie par le moyen de la force sociale que
le Christianisme a déposée dans nos cœurs. Aussi
loin de s'immobiliser dans les cadres limitatifs d'un
programme rédigé en quelques articles, il progresse
au contraire, se développe chaque jour et suit une
évolution constante ; en un mot, c'est une vie : « Le
» Sillon, nous dit un camarade, est un mouvement,
» une vie ; or une vie ne reste pas toujours stable ;
» le corps humain ne garde pas toujours la faiblesse
» de l'enfance : il croît, il se modifie, jusqu'à ce
» qu'enfin il arrive jusqu'à sa pleine maturité ; c'est
» alors qu'il peut vraiment exercer sa force ; jus-
» que-là il n'a fait qu'essayer des pas timides, puis
» l'ardeur du jeune homme lui est venue et enfin il
» a acquis le courage et la force de la virilité. Tel
» est le Sillon ; de même que la vie, il ne reste pas

Ne se définit
pas en
quelques mots.

Une vie

» toujours stable ; comme tout corps, il grandit et
» se modifie ; il a passé lui aussi par les faiblesses
» de l'enfance, lorsque, simple ébauche de quatre ou
» cinq jeunes collégiens, il se renfermait humble et
» caché dans un coin du grand collège. Plus tard,
» tandis que ses fondateurs devenaient hommes, il
» le devenait aussi, et il gravit encore aujourd'hui
» cette échelle constante de son accroissement ; il
» se fait mieux comprendre à mesure qu'il
» avance ».

Nous nous laissons faire par la vie ; aussi il ne
saurait chez nous être question de statuts, de règle-
ments, et on ne pourrait pas se réclamer du Sillon
parce qu'on assiste à ses réunions ou qu'on lit ses
brochures, parce qu'on ressent une sympathie plus
ou moins vive pour ses membres ou ses théories :
être du Sillon, c'est en avoir l'âme. Ce n'est pas

Une Âme libre

en accepter seulement les idées à un moment
donné, mais croire qu'on progressera et qu'on évoluera dans le sens où il progressera et où il évoluera
lui-même, croire par conséquent qu'on porte dans
son âme les mêmes germes, les mêmes principes,
le même tempérament. Tandis que dans une société
ordinaire on s'unit sur un point fixé d'avance, on ne
saurait en entrant dans le Sillon limiter arbitraire-
ment sur quels points et dans quelle mesure on se
donnera à lui. Ou vous lui restez indifférent, ou

et agissante.

vous vous sentez entraîné vers lui par une attrac-
tion irrésistible et dès que vous avez su l'aimer,
c'est votre vie tout entière qui lui appartient. Chaque membre n'est donc pas une passivité pure rece-
vant le mot d'ordre émané d'un chef suprême auquel
on obéit aveuglement ; c'est au contraire un être
actif et agissant, mettant quotidiennement tous ses
moyens d'action au service de la cause et réalisant
dans son milieu les améliorations qui lui paraissent

le plus propices à développer la vie du Sillon et à réaliser son œuvre.

Le Sillon n'est donc pas un mouvement personnel; et si nos adversaires semblent douter quelquefois de ce que nous puissions avoir sur tous les points une convergence, disons mieux, une identité parfaite de vues, nous leur demanderons comment il se fait que dans une forêt tous les chênes se ressemblent. C'est que les semences qui les ont produits contenaient les mêmes germes de vie et d'action. Ainsi les âmes des Sillonistes contiennent les mêmes principes. Sans doute le but ne saurait être atteint sans épreuves; il y aura des déchirements, on laissera des retardataires sur sa route, des défections se produiront, mais l'œuvre reste ainsi pure de tout mélange. Le Sillon est donc un patrimoine d'idées et d'aspirations, qui forment ce qu'on est convenu d'appeler son âme commune. Entre tous ceux qui participent à cette âme commune, qui collaborent au même but existe une étroite et fraternelle amitié; les Sillonistes ne s'aiment-ils pas parce qu'ils veulent et sentent de même? Je ne veux point parler d'une vague communauté d'idées et de sentiments qui peut à la rigueur unir momentanément les individus en vue de réaliser une œuvre immédiate, mais une amitié sincère et de tous les moments, à l'image de l'amour du Christ. Il me semble, lisais-je dans un rapport, que le Sillon est une famille, et un autre camarade ajoutait : « la vie du Sillon me paraît être celle des premiers chrétiens ».

C'est ce qui fait l'unité du Sillon, et par suite réclame son autonomie. Je ne veux pas dire par là que le Sillon doit être absolument indépendant de toute règle; il est certain qu'étant un mouvement catholique il reste soumis à l'autorité dogmatique

Ames libres

mais semblables

Une amitié

de l'Eglise et à ses directions ; mais loin d'être une institution officielle de l'Eglise c'est plutôt une société animée de l'esprit catholique. Le pape lui-même conseilla à nos camarades de persévérer dans cette ligne de conduite : « Ne vous laissez pas décourager, disait-il, si tous ceux qui professent les mêmes principes catholiques ne s'unissent pas toujours à vous dans l'emploi des mêmes méthodes. Restez fidèles à votre lumière et la promesse de l'Evangile s'accomplira en vous et vous règnerez ». C'est pourquoi nous ne voulons pas nous confondre dans le mouvement d'opposition actuel qui, s'il peut suffire à la rigueur à défendre quelques restes d'un passé à demi détruit, demeure impuissant à élaborer l'avenir (1). Nous ne contestons pas que l'action défensive des catholiques puisse avoir quelque utilité, que l'appel à tous les honnêtes gens, selon l'expression consacrée, ne puisse porter des fruits, mais cette tactique crée un bloc nécessairement hétérogène par suite de la diversité des opinions qui y sont représentées et de la variété des aspirations de chacun des membres, ce dont leurs adversaires se hâtent de tirer parti pour les accuser également tous d'hostilité envers les institutions républicaines. Il ne faudrait pas que, sous prétexte et pour les hasards d'une action politique immédiate, très incertaine et sur bien des points peu efficace, nous perdions de vue le labeur social, labeur fécond, véritable caractéristique du but du Sillon.

Autonomie du Sillon.

---

(1) *Les vraies idées du Sillon*, par l'abbé Desgranges, p. 46, Le Sillon et la Politique.

But du Sillon.

Le Sillon se propose de réaliser la Démocratie à l'aide du Catholicisme. Il est actuellement incontestable que tout dans l'État tend de plus en plus à se faire pour le peuple et par le peuple. On pourrait en citer bien des témoignages. Voici par exemple celui de Mgr Doutreloux, évêque de Liège. « Un fait très réel et très grave, qui domine la situation, c'est l'existence et le développement rapide d'un mouvement démocratique universel ». Et M. Fonsegrive ajoute : « Il est des sentiments qui, une fois connus, ne peuvent plus être oubliés ; leur saveur est si pénétrante que la vie sans eux paraît vide de tout charme et indigne d'être vécue. Un homme une fois émancipé ne reviendra jamais se mettre en tutelle qu'à son corps défendant. Un peuple qui a goûté une fois de la démocratie peut se lasser pour un temps de son émancipation, il n'y renoncera jamais sans esprit de retour » (1). Le peuple est tellement imbu de cette idée que toutes les réformes que l'on voudra accomplir devront être marquées au coin de la Démocratie, sous peine d'échec complet. « Toute parole, dit encore M. Fonsegrive, qui ne rend pas un son démocratique aux oreilles populaires est une parole condamnée d'avance à la stérilité et peut-être à pire » (2).

Mais qu'est-ce que la Démocratie ? Nous la définissons : « *L'état social qui tend à porter au maximum la conscience et la responsabilité civiques de chacun* ». Nous voulons réaliser cette cité future, où chaque individu pleinement conscient de ses

Évidence du fait démocratique.

Notre démocratie.

(1) *Crise Sociale*, p. 449.
(2) *Crise Sociale*, p. 454.

droits et de ses devoirs sera aussi pleinement responsable du salut commun ; or la conscience civique en démocratie, c'est « la vue claire de l'importance proportionnelle que doivent avoir les intérêts particuliers dans la composition de l'intérêt général du pays ».

Pour réaliser cet avenir, nous voyons un obstacle : c'est l'opposition qui existe entre l'intérêt général et l'intérêt particulier, je veux dire, l'intérêt particulier égoïste, qui pousse l'homme à s'enrichir en appauvrissant ses semblables et la société.

Il nous faut donc trouver une force capable d'identifier ces deux intérêts ; cette force, c'est le Christ, expression la plus large de l'intérêt général et la plus étroite de l'intérêt particulier ; c'est le catholicisme qui sommeille malgré tout, et cela est surtout vrai des milieux populaires, au fond de l'âme de chacun de nous. « Le Sillon, nous dit un camarade, veut parmi la jeunesse donner à la pensée catholique, une voix, une expression, une action pour la sortir du milieu, du cercle restreint des croyants où elle reste comme emprisonnée. Il veut la délivrer de sa captivité pour la répandre au dehors parmi les incroyants où elle est peu connue, la rajeunir et lui donner une force que rien ne pourra vaincre ». Il nous faut exercer deux actions, une action démocratique et une action catholique, mais ces deux actions ne sont pas parallèles, elles convergent, aboutissent au même point, si bien que nous ne voulons faire de la Démocratie qu'avec le catholicisme, et du catholicisme qu'avec la Démocratie (1). Il est bien vrai de dire que le catholicisme n'est pas seulement une religion destinée à sauver

(1) Voir *Confusions à dissiper*, par P. Lasplaces. — Le Sillon, 25 juillet 1905.

nos âmes ; c'est encore une force sociale considérable. Nous lisons dans un rapport : « Quoi d'étonnant que ceux qui n'ont pour tout partage ici-bas que la misère et la fatigue, s'insurgent et n'hésitent pas à revendiquer les armes à la main leur part de bien-être et de bonheur ? Pourquoi d'autre part les privilégiés et les favoris de la fortune s'arracheraient-ils à leur douce quiétude pour se pencher sur les souffrances de leurs frères malheureux, s'ils n'ont pas devant les yeux l'image à la fois terrible et consolatrice d'un Dieu infiniment juste et infiniment bon ? Sans Dieu, non seulement la démocratie est impossible, mais elle n'a pas de raison d'être et la barrière est ouverte à la haine et à l'envie. Posez Dieu, au contraire, et surtout posez le Christianisme, la Démocratie devient pour ainsi dire naturelle. Or le Sillon n'est pas autre chose que la démocratie chrétienne (1) prenant enfin conscience de sa force et de l'importance de son rôle et se faisant jour péniblement mais sûrement, malgré l'égoïsme des uns et la haine des autres ».

Sa force sociale.

Quels résultats en vérité nous ont apportés ces trente années passées qui se réclament bien haut pourtant de l'idée démocratique ; on a élevé des fortunes privées, mais on n'a rien fait pour le bien du peuple ; chaque législature a été marquée par une faillite à ses engagements (2). C'est qu'on avait cru que pour faire disparaître les haines de classe, il suffisait de proclamer bien haut la liberté et l'éga-

Faillite du laïcisme.

(1) Le camarade commet ici une erreur d'expression. Le Sillon n'est pas la démocratie chrétienne telle qu'elle a été définie par le Pape Léon XIII, mais une forme particulière de cette Démocratie appliquée aux besoins et à l'état social actuels (voir la discussion sur ce point).

(2) Voir la discussion.

lité. Mais toutes les inégalités n'ont pas disparu et celles qui restent n'en sont que plus cuisantes et se font encore plus douloureusement sentir. Nous pensons, nous, que la première des choses à faire est de réaliser la fraternité. Dès qu'elle sera autre chose qu'un vain mot ironiquement gravé sur les édifices publics, on pourra réaliser la véritable égalité, et la liberté en découlera par voie de conséquence naturelle, car comme l'a dit notre éloquent ami Marc Sangnier, la liberté est une vertu plutôt qu'un droit, et bien peu d'hommes sont encore capables d'en jouir.

Nous assistons donc tous les jours à cet effort du peuple qui essaye de conquérir une place de plus en plus large dans la société par suite de « l'opinion plus grande que les masses ont conçu d'elles-mêmes » (1). Loin de redouter ce mouvement ascensionnel, il nous faut l'encourager et le gouverner. Cela ne veut pas dire que nous soyons opposés à la hiérarchie et aux dirigeants dans une société. Il y aura toujours des hommes plus intelligents et plus vertueux que les autres ; et l'intelligence et la vertu sont des causes légitimes d'influence sociale ; mais il ne faut pas que ce soit la naissance ou la fortune seule qui crée les dirigeants, mais bien la valeur personnelle et les services rendus. Voilà la hiérarchie à laquelle nous croyons : « hiérarchie de fonctions, selon l'expression de l'abbé Naudet, mais non hiérarchie de classes. Par exemple, un patron est hiérarchiquement supérieur à son ouvrier quand ils sont en contact, mais dès que le contact cesse, la supériorité cesse aussi, et, en général, la classe

(1) Parole de Léon XIII. Encyclique Rerum novarum.

des patrons n'a pas d'autorité sur celle des ouvriers » (1).

Il résulte de ce qui précède qu'il faut une élite dans notre société démocratique. Mais l'élite que nous voulons constituer n'est pas héréditaire ; on n'y naît pas ; on y monte comme on peut en déchoir ; si donc cette élite veut conserver sa fonction, elle devra travailler pour le bien général (2). En outre, tandis que l'élite aristocratique doit, si elle veut conserver sa raison d'être, rester limitée, l'élite démocratique tend à englober de plus en plus de citoyens ; plus elle sera vaste, plus elle contiendra de forces vives, et en cela elle concorde avec l'effort constant de toutes les nations qui est de faire participer un nombre de membres de plus en plus considérable aux fonctions de l'élite. Il faudra aussi que toutes les classes de la société y soient représentées. Ce n'est donc pas seulement au sens commun d'élite intellectuelle qu'il faut l'entendre ; ce n'est pas non plus, comme plusieurs l'ont cru, une élite purement ouvrière que nous voulons créer, c'est tout cela à la fois. Il faut que le Sillon soit la *société en raccourci*, que son action soit exercée dans les villages les plus humbles, comme dans les milieux les plus avancés. Sans doute cette élite ne constituera pas d'abord une majorité numérique, et il est même permis de se demander si elle le deviendra jamais. L'élite sera donc d'abord une

----

(1) *La Démocratie et les Démocrates chrétiens*, p. 225.
Les idées démocratiques de l'abbé Naudet se rapprochent beaucoup des nôtres sans pourtant se confondre avec elles.

(2) Il faudra que l'élite parvienne à s'imposer elle-même par sa valeur ; de la sorte, le peuple choisira lui-même ses représentants et on ne verra plus les candidats aller à la poursuite des électeurs.

majorité dynamique, c'est-à-dire minorité au point de vue numérique, mais dévouée aux intérêts généraux du pays et capable d'entraîner avec elle toute la masse. Il faudra pour cela qu'elle soit le plus grand nombre de forces orientées vers un même but, le bien public ; tandis qu'en dehors d'elle les autres forces se diviseront au service d'intérêts particuliers et se neutraliseront, il lui suffira d'être plus puissante que la différence de ces forces en s'appuyant sur celles qui coïncident momentanément avec l'intérêt général. Le Sillon désirant non une majorité, mais une unanimité, l'élite se recrutera par sélection. Y rentrera celui qui pensera comme elle, en sortira celui qui n'acceptera plus toutes ses idées ; cette élite remplacera les anciennes classes dirigeantes, mais elle ne formera pas pour cela une nouvelle classe ; chacun de ses membres acquerra son maximum d'influence et de valeur sans sortir de son milieu social (1).

Esprit du Sillon.

Esprit démocratique

N'oublions pas que nous ne réaliserons la véritable démocratie que si nous sommes réellement imbus de l'esprit démocratique. Nous voyons autour de nous des syndicats se dire démocratiques et constituer soit une tentative patronale, soit un mouvement révolutionnaire sous la haute direction d'une personnalité politique, des coopératives qui n'en ont que le nom et sont en fait aux mains toutes puissantes d'un capitaliste. C'est que ces mouvements n'ont pas été animés à leur début de l'esprit démocratique.

(1) *L'Esprit démocratique*, par Marc Sangnier, Démocratie et hiérarchie, p. 146.

Et ici permettez-moi de répondre à certains esprits timorés ou malveillants qui confondent la démocratie avec un mouvement démagogique faisant craindre tout un avenir de révolutions sanglantes, et nous accusent d'être des socialistes. Si on veut dire par là que nous croyons que l'évolution de la société ne s'arrêtera pas à sa forme actuelle et que nous faisons tous nos efforts pour réaliser plus de justice, de solidarité et de fraternité, nous serons heureux d'être appelés socialistes (1). Mais il s'agit de bien autres principes et méthodes entre les socialistes et nous. Si nous nous entendons quelquefois en vue de la réalisation d'œuvres immédiates, nous ne saurions admettre leur programme de lutte de classes et de guerre à l'idée religieuse. Si pour nous la lutte de classes est un fait inévitable, nous ne pensons pas qu'elle soit désirable et nous faisons tous nos efforts pour l'arrêter. Nous croyons que la propriété individuelle est indispensable, quelque extension que prenne la propriété collective, comme sauvegarde du foyer familial, et comme un champ d'expériences où pourront s'exercer les initiatives hardies. Nous sommes convaincus enfin, contrairement à l'idée socialiste, que la transformation sociale ne peut se réaliser dès demain et surtout par une révolution violente, si l'on n'a pas au préalable révolutionné les âmes.

D'un autre côté, beaucoup de socialistes nous accusent de ne pouvoir être catholiques et démocrates en même temps, trompés sans doute en cela

Rien du socialisme !

(1) Nous ne croyons pas par exemple que le salariat soit une institution éternelle, et nous avons la conviction qu'il disparaîtra un jour pour faire place à une forme plus perfectionnée, comme la coopération, de même que l'esclavage et le servage ont disparu devant le salariat.

en voyant que les chefs du parti catholique actuel sont surtout des réactionnaires ou des ralliés. Je ne vois pas de meilleure réfutation à leur opposer que celle qui résulte de notre vie quotidienne ; ce sera par nos actes de tous les jours que nous leur prouverons que l'alliance du christianisme et de la Démocratie est possible et souhaitable.

En analysant l'esprit démocratique, on trouve qu'il comprend d'abord l'esprit de responsabilité. Je sais que pour certains cette responsabilité paraît être un bien léger fardeau ; en réalité la charge est bien lourde (1), mais nous n'avons pas le droit pour cela de nous refuser à la porter, et si nous voulons la démocratie, si nous voulons jouir des droits du citoyen, commençons d'abord par être des citoyens.

L'esprit démocratique est encore un esprit de tradition et de progrès. On nous montre cependant les hommes de tradition comme ayant peur de la Démocratie et s'attachant surtout au passé. Certes, nous respectons nous aussi ce glorieux passé de notre ancienne France. Mais faut-il pour cela nous immobiliser ou même rétrograder ? La tradition ne reste pas stationnaire ; elle évolue et progresse tous les jours. Elle nous montre la Démocratie, s'élaborant sous les anciens rois, par les Communes, les États généraux, l'admission des hommes de la bourgeoisie aux charges publiques et c'est ce qui nous donne confiance dans notre mouvement, puisqu'il est profondément enraciné dans l'histoire de France. Être dans la tradition, ce n'est pas faire ce qu'ont

Esprit de responsabilité.

Esprit de tradition et de progrès.

(1) Certains réactionnaires l'en trouvent même trop, et jugent le peuple indigne de la responsabilité. (Voir la Discussion.)

fait nos pères, mais ce qu'ils auraient fait s'ils avaient été dans notre situation.

Or cet effort traditionnel nous montre les formes anciennes de la vie nationale aboutir à la République. La Démocratie ne doit pas être le présent d'un monarque débonnaire ; un bon tyran pourrait imposer à son peuple une bonne législation ouvrière, mais serait-ce là de la démocratie ? Le bien du peuple doit sortir du peuple lui-même, et non être le cadeau d'une autorité étrangère à lui. Or nous ne croyons pas qu'il y ait une autre forme de gouvernement capable comme la forme républicaine de développer en chacun la conscience et la responsabilité civique, et c'est pour cela que l'esprit du Sillon est un esprit républicain. Nous ne sommes pas de ceux qui acceptent la République par tactique parce que cela est prudent à l'heure actuelle, mais parce que nous croyons que c'est la République qui se prêtera le plus favorablement à la réalisation de notre rêve démocratique. « Dans les milieux anticléricaux, disait Sangnier au Pape au mois de septembre 1904, et dans certains milieux amis on nous répète que les catholiques peuvent évidemment accepter la République par tactique, mais qu'ils ne peuvent pas l'aimer avec prédilection. Or, Très Saint Père, quant à nous, nous aimons avec enthousiasme, avec passion, la République démocratique. N'est-ce pas que c'est absolument notre droit ? — Mais oui, certainement : la République est un gouvernement saint (governo santo). (Le Sillon, 25 septembre 1904). — Le 14 novembre 1904, Pie X disait encore dans un consistoire secret : « Les actes publics du Saint-Siège disent hautement qu'à ses yeux la profession du Christianisme peut s'accorder parfaitement avec la forme républicaine. On dirait que ces hommes veulent au contraire, affirmer que la République, telle qu'elle existe en France, ne peut avoir rien de commun avec la religion chrétienne. Double calomnie qui blesse les Français, à la fois comme catholiques et comme citoyens. »

Raison d'être du Sillon à côté des autres œuvres catholiques

Tout ce qui précède suffit, je crois, à vous faire comprendre la raison d'être et l'utilité du Sillon, à côté de tant d'autres œuvres catholiques qui sollicitent notre activité. Je n'aurais d'ailleurs pas insisté davantage sur ce point si la plupart des rapports particuliers n'avaient cru que la seule différence consistait en ce que le Sillon n'agit que par des Cercles d'études et des Instituts populaires. Nous allons donc parcourir les différents groupements existant à l'heure actuelle et rechercher ce qui nous distingue de chacun d'eux.

Je commencerai d'abord par exclure tous les comités électoraux ou groupes politiques, comme l'Action Libérale Populaire. Je vous l'ai déjà dit, nous ne nous occupons pas de politique ; nous nous refusons à faire servir les réformes démocratiques aux intérêts d'un parti, quel qu'il soit. Nous ne pouvons pas nous engager à persévérer à l'avenir dans cette ligne de conduite ; nous sommes dominés par la vie, nous ne savons pas où elle nous mènera, mais nous ne nous lancerons dans la mêlée politique que si elle devient l'expression de la vie démocratique. Le Sillon n'interdit point à ses membres pris individuellement l'action électorale. Le Silloniste pourra donc voter, c'est d'ailleurs son devoir. Il pourra surveiller la révision des listes

Le Sillon et les groupes politiques.

électorales, empêcher les fraudes, assister au dé-
-pouillement du scrutin ; il pourra enfin s'il le veut
se jeter dans les luttes politiques, mais alors tout
en continuant à faire partie de l'âme du Sillon, il
ne pourra plus être compté comme un de ses
membres.

En second lieu, nous distinguerons le Sillon des
groupes exclusivement religieux, comme les confré-
ries qui ont pour but unique le salut des âmes, et
des sociétés animées de l'esprit catholique ayant
un but pécuniaire, comme le sont certaines sociétés
de secours mutuels. Nous différons aussi des patronages, qui sont surtout des œuvres de préservation
de la jeunesse, des œuvres par conséquent à inten-
tion uniquement morale. Le Sillon a souci, autant
que tout autre, du salut de ses membres, mais il
n'en fait ni son but unique, ni son but suprême. Au
lieu de s'essayer à élever des barrières quasi matérielles entre eux et l'esprit d'impiété, il les fortifie
au contraire contre ce même esprit, et les envoie
ensuite, véritables apôtres, dans les milieux adver-
ses, à dessein de les transformer. En outre les
patronages n'exercent leur action que dans le cadre
un peu restreint d'une paroisse, ce qui ne saurait
évidemment s'accorder avec le Sillon, qui est une
œuvre d'organisation nationale.

Nous écarterons aussi les Fédérations, qui grou-
pent des sociétés de toute espèce, cercles d'études,
sociétés de tir, de gymnastique, etc., tout en lais-
sant à chacune d'elle une autonomie aussi large que
possible. Le mouvement du Sillon est avant tout un
mouvement homogène et unitif.

Nous arrivons au groupe le plus important,
l'Association catholique de la Jeunesse française.
Tandis que l'Association cherche à réunir le plus
grand nombre possible de jeunes catholiques, même

differant d'opinions en matière sociale et polit que, le Sillon veut que ses membres, d'abord peu nombreux évidemment, soient animés du même esprit, et il ne s'adresse pas seulement aux jeunes gens, mais encore aux hommes mûrs et aux familles entières ; bien plus, par les Instituts Populaires (les œuvres sociales, il se mêle aux indifférents et aux adversaires qu'il s'efforce d'amener à lui. Enfin l'Association se compose surtout de jeunes gens appartenant aux fonctions libérales ou aux familles bourgeoises, tandis que le Sillon, sans exclure ou négliger aucune catégorie, puisqu'il convie tous les milieux à la formation de l'élite, s'appuie davantage sur les éléments populaires (1).

Le Sillon ne se confond donc avec aucune des œuvres catholiques actuelles. Il a sa physionomie propre, son esprit, ses méthodes, son but particuliers qui l'empêchent de s'absorber dans un autre groupement ou de se fédérer avec ce qui n'est pas lui. Mais il ne faudrait pas conclure de ces différences parfois si profondes qu'il y ait entre nous et ces œuvres hostilité ou même seulement indifférence. Nous restons toujours étroitement unis sur le terrain religieux, et le jour où un effort d'ensemble nous sera demandé pour une cause commune, le jour où il s'agira de prendre place dans la bataille pour les intérêts du Christ, ce ne sera certes pas le Sillon qui formera l'arrière-garde.

Historique du Sillon.

J'ai pensé, Camarades, qu'il serait très profitable pour nous, qu'effraie quelquefois l'immensité de

(1) *Le Sillon.* — *Esprit et méthodes,* p. 108, note.

notre tâche, d'exciter nos courages en rappelant en quelques traits comment s'est créé le Sillon et quels furent ses humbles débuts. Vous savez que l'idée en est venue à de jeunes collégiens de Stanislas, qui voyant les maux dont souffrait la société contemporaine résolurent de donner leur vie au Christ et au Peuple. Pour commencer de suite leur apostolat, le plus brillant d'entre eux, Marc Sangnier, réunit dans une salle appelée « La Crypte » des délégations de toutes les divisions du collège ; il leur parla de son rêve, de son idéal, du bien qu'il voulait réaliser. Les Camarades éditaient en même temps un journal « Dieu et Patrie, » dont il ne parut d'ailleurs qu'un seul numéro. En Janvier 1894, Paul Renaudin fondait la Revue « Le Sillon », pendant qu'avec l'autorisation du censeur de Stanislas, continuaient les réunions de la Crypte ; il y avait des approbateurs et des contradicteurs ; on interrompait et on discutait ; c'était déjà un embryon d'Institut Populaire. Cependant Marc Sangnier, rentré à l'Ecole Polytechnique, y tenait deux sortes de réunions qui contiennent toute la méthode future du Sillon. Tantôt on se réunit entre catholiques ; on travaille et on prie en commun. Tantôt on tient des réunions largement ouvertes à tous ; nous avons là le Cercle d'Etudes, et l'Institut Populaire. A sa sortie de l'Ecole, Sangnier nommé sous-lieutenant au 1er génie à Toul, fait l'éducation de ses soldats, leur parle d'armée, de démocratie, et pendant ses congés va fonder des cercles d'études, visite des patronages, fait des conférences ; il dépense partout où il le peut son inépuisable activité.

En Octobre 1899, Sangnier publie dans « *la Quinzaine* » un travail sur l'*Education sociale du peuple*, qui constitue un véritable manifeste : c'est alors que commence véritablement le Sillon. Jusque-là, il a

Deuxième
période.

accompli une période de tâtonnements ; il cherche sa voie ; ses promoteurs veulent faire quelque chose pour le peuple, mais ils n'ont encore que des idées vagues, et ne voient pas quels seront leurs moyens d'action. Peu à peu, au contact des réalités, éclate leur esprit catholique et démocratique ; leurs idées se précisent, et le mouvement progresse d'étape en étape. Le 6 Juillet 1900 a lieu le premier Congrès qui réunit 19 cercles d'études ; le deuxième en

Résultats
positifs.

compte 21, le troisième 27, et le 3 Février 1901, une affiche signée des noms les plus illustres de la Littérature et de l'Enseignement annonçait la création d'un Institut Populaire dans le V⁰ arrondissement. Puis de 1902 à 1905, viennent les 4 Congrès nationaux de Paris, Tours, Lyon, 'Paris encore, révélant chaque année par centaines la merveilleuse multiplication des cercles d'études, pendant que le Sillon, une première fois en 1903 dans la personne de quelques représentants, une deuxième fois en 1904 en un superbe pèlerinage, va à Rome faire bénir son œuvre par le Pape, qui lui prodigue les plus précieux encouragements.

Je ne vous ferai pas, Camarades, l'histoire du Sillon de Pau ; ce serait faire notre propre histoire.

Un coin
d'histoire.

Nous aussi, nous avons eu notre période de tâtonnements, alors que réunis dans le cabinet de travail hospitalier du sympathique camarade Viguerie, nous rêvions de sortir de notre coquille et de nous révéler au public. Le lundi de Pâques de cette année, nous pouvions enfin ouvrir une Permanence au n⁰ 4 de la rue Gambetta, pendant que notre propagande commençait dans les communes environnantes, et les 27 rapports que nous avons reçus, soit de membres isolés, soit de groupes organisés, nous montrent combien le Sillon rencontre de sympathies. Nous avons actuellement 6 cercles d'études fonctionnant régulièrement : le cercle St-Louis qui compte 9 membres, le cercle St-Martin qui en compte 11, le cercle St-Marc qui vient de naître, tous trois à Pau, les deux cercles de Pontacq qui réunissent 30 membres, et le cercle d'Aast. Il faut y ajouter deux cercles fonctionnant irrégulièrement à Orthez et à l'Immaculée Conception de Pau, des cercles en préparation qui ont déjà tous leurs éléments à Oloron et à Sauvagnon, enfin des camarades isolés dans différentes localités qui espèrent bien, nous disent-ils dans leurs rapports, nous annoncer sous peu la fondation d'un cercle d'études. Nous pouvons je crois être satisfaits du résultat obtenu après quatre mois à peine de travail ; il constitue le plus précieux encouragement pour l'avenir.

Promesses.

Méthodes du Sillon

Chacun de vous a simplement indiqué quels étaient les moyens à prendre pour propager le Sillon. Successivement a été envisagée l'action dans les milieux ruraux, intellectuels, ouvriers, à l'école et dans la famille ; un camarade ne nous a-t-il même pas parlé de convertir les curés ? Aussi n'insisterai-je pas plus longtemps sur ce sujet ; il fera tout à l'heure l'objet de nos conversations.

Mais je voudrais en terminant vous indiquer à grands traits quelle doit être la conduite que nous devons tenir dans nos luttes, et vous dire quelques mots de notre méthode d'éducation démocratique. Ne nous laissons jamais séduire dans notre carrière d'apostolat par le prestige du nombre ; n'ambitionnons pas d'attirer à notre cause des groupes tout entiers, mais bien quelques individus dévoués et actifs ; nous les trouverons principalement, en dehors

Le nombre n'est pas tout.

de nos relations personnelles, dans les divers patronages ; nous leur apprendrons par la conversation, par nos revues et nos brochures, à connaître et aimer notre œuvre, nous leur ferons part de notre idéal catholique et démocratique. Nous nous contenterons de réunir au début quelques membres en un cercle d'études, et ce cercle ainsi constitué vivra de lui-même par des accessions et des éliminations successives. Ce noyau préparé à la lutte abordera hardiment les indifférents et les adversaires, et leur montrera que leurs désirs et leurs aspirations ne peuvent être sérieusement réalisés que par le catholicisme. Le catholicisme n'apparaîtra plus de la sorte comme un ennemi du progrès. Laissons d'ailleurs la parole à un camarade qui nous indique bien la conduite à tenir, mais à qui je laisse la responsabilité d'une partie de ses affirmations : « Le grand tort du catholicisme, dit-il, semble avoir été jusqu'ici d'ignorer et de négliger complètement son rôle social (1) ; aujourd'hui encore le mot de réformes sociales effraie bien des esprits timorés, comme si la société avait enfin atteint son état idéal et définitif. Nos ennemis profitant habilement de ces craintes et de ces hésitations séniles se sont alors posés en apôtres du progrès et en pionniers de la civilisation, et n'ont pas eu de peine à nous faire passer pour les défenseurs intéressés de la routine. Le succès qui a trop souvent couronné leur tactique aura du moins servi à nous signaler notre point faible. L'Eglise doit être à la tête de toute entreprise de nature à améliorer la condition sociale des hommes dans la mesure où elle ne porte pas atteinte au droit ou à la morale. Notre titre de chrétiens nous fait une obligation stricte de contribuer

(1) Cette affirmation, absolue comme elle est, a fait l'objet d'une réserve ; voir la Discussion.

de tous nos efforts au bien-être commun. Il faut non plus craindre le progrès, mais le provoquer et le diriger et infliger ainsi un éloquent démenti à ceux qui traitent les catholiques de rétrogrades. »

Dans cette œuvre de rayonnement, nous ne nous écarterons pas de la ligne de conduite qui nous a été tracée par le Sillon dès ses débuts, et à laquelle il est toujours resté fidèle : « Accepter notre temps » tel qu'il est avec toutes les transformations qui s'y » consomment ou s'y ébauchent, l'aimer tel qu'il est » avec ses grandeurs et ses faiblesses, le servir, en » comprenant le mieux possible ses intérêts, de » toutes nos facultés et notre énergie ; prendre part » à sa vie de la manière la plus large, sympathiser » avec toute recherche sincère de la vérité, dans » quelque domaine qu'elle se produise, avec toute » tentative désintéressée, de quelque doctrine » qu'elle procède, avec tout effort vers un idéal » supérieur, de quelque Credo qu'il s'inspire. Cher-» cher entre nous-mêmes et ceux qui ne partagent » pas nos croyances ou ne professent pas nos idées, » les points communs par où l'entente peut s'éta-» blir, ce qui rapproche plutôt que ce qui sépare, » et travailler ainsi à l'union des esprits droits et » des volontés généreuses. Dans la discussion ou » la critique, user de la tolérance la plus éclairée » et la plus sympathique, sans rien abandonner » pour nous-mêmes de la fermeté de nos convic-» tions ou de l'intégrité de notre idéal. En un mot, » aimer, encourager l'effort humain vers le vrai ou » le bien partout où nous le rencontrerons (1) ».

Quant aux Sillonistes, nous dit un camarade, ils devront, « sous peine d'échec complet être vertueux, réservés, afin de ne pas provoquer les ennemis à dire que nous manquons de modestie, très savants,

_____

(1) *Le Sillon : Esprit et méthodes*, par Marc Sangnier, p. 121.

et vertu.

afin qu'on ne les accuse pas d'ignorance, afin qu'ils puissent rendre compte de leur but et le justifier, très chrétiens pour ne pas se démentir et être capables des sacrifices nécessaires ».

Notre action s'exercera par les Cercles d'études, les Instituts populaires et les Œuvres sociales (1).

Instruments de l'action démocratique.

Le Cercle d'études est un groupement de jeunes catholiques qui travaillent à la recherche de la vérité et aux moyens de la propager ; il a pour but d'instruire les Sillonistes non en leur faisant suivre les cours d'un docte professeur, mais en les provoquant au travail personnel et à la discussion. Non content d'élaborer la vérité pour les esprits, il veut

Le Cercle d'études.

être aussi pour les volontés et les cœurs un centre, un foyer de vie morale et religieuse, où les camarades s'encouragent à tous les devoirs de la vie chrétienne, en même temps que s'établissent entre eux des rapports d'une saine et joyeuse amitié. En un mot, le Cercle d'études est une œuvre de formation ; il prépare des éléments robustes pour l'apostolat social.

Si le Cercle d'études est l'expression de la vie intérieure du Sillon, celle-ci se manifeste au dehors par l'Institut populaire. L'Institut populaire agit par

L'Institut populaire.

des réunions publiques et contradictoires où les camarades, préparés par le labeur des Cercles d'études, s'en vont exposer leurs idées devant les adversaires. Leur parole n'est pas neutre, car ils doivent dire leur pensée jusqu'au bout, mais elle

---

(1) Voir sur ces points que nous ne pouvons qu'effleurer ici : *Une méthode d'éducation démocratique*, par Marc Sangnier. — *Le Cercle d'études et la vie sociale* par G. H. (Le Sillon, 10 septembre 1901). — *L'Enseignement dans les Instituts populaires*, par Louis Rolland (Le Sillon, 10 septembre 1901. — *Sur les Instituts populaires*, par Louis Rolland (Le Sillon, 25 juin 1904).

n'est pas non plus confessionnelle, car elle ne se
base pas sur une autorité dogmatique et ne fait
appel qu'aux principes de la raison. L'I. P. a un
double rôle : il est une œuvre de propagande, car
tout homme veut répandre ses idées, et s'il est
réellement convaincu, il fera du prosélytisme. De
même un groupement, puisqu'il est la somme des
énergies individuelles, cherchera à rayonner, à
s'extérioriser, et ne se contentera pas de travailler
pour le bien exclusif de ses membres. Mais il ne
doit pas se borner à faire de l'apostolat ; il doit
encore poursuivre un but d'éducation, et il failli-
rait à sa tâche, s'il ne visait pas à l'enseignement
des foules. Il donnera cet enseignement soit par des
cours, soit par des conférences isolées ou des séries
de conférences, suivant les contingences locales et
les aptitudes particulières des conférenciers.

Mais tout cet effort est purement théorique ; aussi
nos camarades ont senti le besoin de le traduire par
des faits ; c'est pour cela qu'ils ont créé, sur plusieurs points déjà, des œuvres sociales, des syndicats, des coopératives. Animées de l'esprit démocratique, les œuvres sociales servent d'expérience
aux idées acquises, et commencent à réaliser dans
la mesure du possible quelques traits de la Cité
future.

Voilà, Camarades, ce que j'avais à vous dire sur le
Sillon. Peut-être trouverez-vous à présent qu'il
n'est pas toujours facile d'être du Sillon. Tant mieux,
si vous avez une idée plus haute du but qu'il pour-
suit, une conscience plus nette des sacrifices qu'il
réclame de vous. Ce sera beaucoup de gagné, si vous
avez une fois compris qu'on ne lui appartient pas à
demi et de temps en temps, mais à tous les instants
de sa vie et entièrement ; qu'il faut aller à lui,
comme au Vrai, *avec toute son âme*, avec toutes les

Les Œuvres
sociales.

Notre devise.

énergies de son être, avec le don complet de soi. Toutes ces conditions, toutes ces exigences, tous ces sacrifices se résument en un mot : l'*Amour*. Plusieurs de nos socialistes contemporains n'ont pas craint de nous parler de la Haine créatrice ; ils se sont honteusement trompés. La Haine n'a jamais rien créé. C'est une Puissance de destruction et de mort. Elle mène à l'anarchie, à la terreur. Elle ne laisse après elle que ruines et désolation. Elle est le Mal. L'Amour seul est créateur ; seul il peut inspirer et soutenir des œuvres durables ; seul il est le Bien ; seul il peut apporter un meilleur sort à ceux qui souffrent. C'est pourquoi tous nos actes, même les plus insignifiants en soi, doivent être inspirés par l'Amour. Nous n'avons pas le droit de nous confiner dans un étroit et vil égoïsme ; nous ne pouvons pas nous désintéresser de la vertu et du bonheur des autres hommes : en tant qu'hommes et en tant que chrétiens, nous en sommes deux fois responsables. Aussi, quelles que soient les railleries dont on voudra nous couvrir, quelles que soient les attaques que nous aurons à supporter de droite comme de gauche, méprisant les railleries et triomphant des attaques, nous poursuivrons notre route, fiers de notre devise, conscients de notre devoir et résolus à l'accomplir jusqu'au bout.

Dévouement et courage.

DISCUSSION

Duvergey. — Avant d'en venir à la discussion du Rapport, permettez-moi de vous dire qu'il me paraît tout à fait remarquable ; j'y vois réunies et condensées à peu près toutes les idées qui forment le patrimoine du Sillon à l'heure actuelle. Il faut cependant, à propos d'une citation qu'il contient, établir nettement la différence qui sépare la Démocratie chrétienne de la Démocratie du Sillon. La Démocratie chrétienne, définie par les Papes, n'est rien autre que *l'action bienfaisante chrétienne* parmi le peuple, et comme telle, elle peut et doit exister partout, sous tous les régimes politiques et sociaux. La Démocratie du Sillon est, si l'on veut, une *forme spéciale* de cette Démocratie, précisée et appliquée dans le sens des aspirations populaires de notre pays, ou encore : *une adaptation particulière de la Démocratie chrétienne à notre pays et à notre temps* (1). Cela dit, la parole est aux camarades pour la discussion.

Caseneuve. — Je demanderai au rapporteur pourquoi il a fait des réserves au sujet d'une page qu'il a extraite d'un des travaux reçus et où pour mon compte je n'ai rien trouvé à relever.

Boutilhe. — Cette page débutait par une phrase où l'auteur — un jeune sans doute — laissait croire que l'Eglise catholique, dans les siècles passés, a négligé ou relégué au second plan son rôle social. C'est cette affirmation dont je n'ai pas voulu prendre la responsabilité, approuvant d'ailleurs tout ce qui suit.

Caseneuve. — Ce détail m'avait échappé, mais je comprends la réserve faite.

Costedoat. — Sera-t-il bien facile de faire accepter par le peuple cette subordination de l'intérêt particulier à l'intérêt général, qui est un des points fondamentaux de la doctrine du Sillon ?

Duvergey. — Facile non ; aussi bien, nous ne prétendons pas faire la Démocratie avec le peuple

(1) *L'Esprit Démocratique*, par Marc Sangnier, p. 134 et p. 160, note.

(2) Voir plus haut, p. 38.

tout entier, mais avec une élite recrutée dans tous les milieux et imprégnée de catholicisme. Cette élite *aspirera* le reste à elle ; elle fera un courant et *entraînera* dans ce courant les éléments disparates du corps social. Les forces mises en jeu par l'intérêt particulier s'exerçant en sens contraire, se neutraliseront à peu près d'elles-mêmes ; et la résultante de tous les mouvements qui animent le corps social sera un mouvement démocratique, l'entraînant vers l'intérêt général.

P. Lasplaces. — Comment faut-il entendre ce terme « *entraîner* » ? Comment se fera cet entraînement, de façon aveugle, irréfléchie, ou bien avec quelque conscience, de la part de ceux qui suivront l'élite ?

Duvergey. — D'autres s'allieront à l'élite catholique démocratique, qui sans avoir la même foi religieuse, croiront cependant avoir de bonnes raisons de marcher dans le même sens. Le noyau principal de l'armée démocratique se composera de catholiques, mais d'autres qui veulent la démocratie tout comme eux, viendront grossir leurs rangs, et grâce à leur appoint, il en résultera un courant plus puissant (1.

(1) On peut ajouter, bien que la chose soit assez claire par elle-même, que cette action « *d'entraînement* », tout en atteignant la nation entière, s'exercera avant tout sur la masse même des catholiques. Ceux qui seront de l'élite s'imposeront aux autres par leur exemple d'abord, ensuite par l'influence sociale qui s'ajoute naturellement à la valeur personnelle, enfin par une propagande active et une pénétration incessante de leurs idées dans leurs milieux respectifs. Ils feront école, s'il est permis de s'exprimer ainsi. A leur contact, les uns seront forcés de réfléchir et de voir clair un peu, les autres suivront, guidés par un vague instinct de progrès et de vérité qui ne disparaît jamais entièrement. Par conséquent, si l'on

Saubade. — Je voudrais qu'on explique comment les forces mues par l'intérêt particulier se neutraliseront pour ne laisser dominer que la force démocratique et l'intérêt général.

Duvergey. — Supposez une élite démocratique existant dans la société. S'il ne tenait qu'à elle, tout marcherait dans le sens de l'intérêt général, mais étant donné la situation actuelle, elle aura contre elle la coalition des intérêts particuliers qui sont très souvent opposés à l'intérêt général, bien loin que celui-ci en soit la somme. Et certes dans cette lutte, la coalition des intérêts particuliers triompherait sans peine, si les forces qu'ils commandent agissaient dans le même sens et s'ajoutaient l'une à l'autre sans déchet. Mais il n'en est pas ainsi. S'il y a en effet incompatibilité entre l'intérêt particulier et l'intérêt général, il n'y a guère moins d'incompatibilité entre les intérêts particuliers eux-mêmes. Par exemple, dans notre société en proie à la lutte des classes et à la concurrence, nous voyons souvent les ouvriers poursuivre un intérêt diamétralement opposé à celui des patrons, et d'autres fois, en dépit de la solidarité de classe, soit les ouvriers, soit les patrons se faire mutuellement la guerre. Il en résulte que lorsque les forces sociales mues uniquement par l'intérêt particulier entrent en contact, *Intérêts particuliers divisés.*

excepte les moutons de Panurge, cet *entraînement ne sera pas aveugle, ni ce courant irréfléchi*, la persuasion et la conscience y auront la plus grande part. Ainsi les vertus démocratiques de l'élite se seront communiquées plus ou moins à la masse entière. « De même que les facultés de l'âme habitent partout en l'homme, mais plus spécialement peut-être dans le cerveau, la conscience civique pénétrera insensiblement toute la nation, cependant qu'elle s'incarnera particulièrement dans l'élite ». (Le Sillon, 10 septembre 1905, p. 104).

elles se nuisent réciproquement, se dévorent l'une l'autre et tendent à se neutraliser. La force d'intérêt général devant profiter de cette division, que faudra-t-il pour qu'elle triomphe ? Il faudra, non pas que les citoyens qui veulent le bien commun soient plus nombreux que tous les autres ensemble, mais seulement que la force apportée par cette élite soit supérieure à la résultante des forces orientées en sens divers.

R. Lasplaces. — On disait tout à l'heure qu'au Sillon pour renforcer l'élite démocratique, on acceptera le concours des non-catholiques. Mais alors, n'est-il pas à craindre qu'un jour vienne peut être où les fractions démocratiques non catholiques domineront et absorberont les fractions catholiques, et qu'ainsi le Sillon manque son but qui était de réaliser la Démocratie par et dans le Catholicisme ? En d'autres termes, la démocratie catholique viendrait-elle à être supplantée par une démocratie non catholique ?

Duvergey. — Cela n'est pas à craindre. Nous sommes convaincus que la Démocratie du Sillon restera la plus forte, et cela grâce au Catholicisme lui-même, puisque nous croyons qu'il est le meilleur adjuvant de la démocratie, et qu'on ne pourra même pas la faire sans lui.

Caseneuve. — Pour moi non plus, il n'y a pas de péril. Soyons des catholiques intégraux d'abord, nous serons nécessairement les démocrates les meilleurs. Quant à ceux qui seront les témoins de notre vie démocratique, nous les forcerons à se demander à quelle source elle puise ses principes et ses inspirations, et quand ils verront que c'est dans nos croyances et pratiques religieuses que nous enracinons notre action et notre conduite démocratique, ils se tourneront, parmi tant d'autres systèmes et tant d'autres religions, à admirer et estimer notre religion catholique comme la plus opportune et la plus bienfaisante de toutes.

Viguerie. — Et peut-être même finiront-ils ainsi par arriver en même temps au Catholicisme et au Sillon (1).

C. Lasplaces. — Le Sillon parle de conciliation et même d'identification de l'intérêt particulier et de l'intérêt général : c'est sans doute en égard à la vie future qu'il trouve cette identification réalisée dans le Catholicisme ? C'est-à-dire que si je me dévoue à l'intérêt général ici-bas, je trouverai mon intérêt particulier dans l'autre vie ?

Duvergey. — Nous ne travaillons pas uniquement pour la vie future et pour un intérêt vulgairement entendu. Mais le catholicisme élève tellement nos cœurs et arme si fort notre volonté qu'il nous rend capables d'aimer le bien et la justice en eux-mêmes, et non seulement pour la récompense qui doit venir. La conciliation, l'identification des deux intérêts se fait donc aussi par rapport à la vie présente (2).

(1) Tout récemment, au pèlerinage des hommes de France à Lourdes, plusieurs camarades de Pau ont entendu un ouvrier Brestois raconter comment, de socialiste révolutionnaire qu'il était, il avait été conquis d'abord au Sillon et par lui « *converti* » à la religion catholique. (Cf. *Les vraies idées du Sillon* par l'abbé Desgranges, p. 97).

(2) Cette identification des deux intérêts est ici envisagée au point de vue spirituel ; mais on peut l'envisager aussi au point de vue temporel et matériel. Car enfin la société est faite pour l'individu et non inversement. Et voilà pourquoi l'intérêt matériel *véritable*, *bien compris* des individus doit coïncider plus qu'il ne semblerait d'abord avec le bien social. Si l'homme fait des sacrifices pour la collectivité, ils lui feront retour tôt ou tard sous

Énergique stimulant.

Caseneuve. — C'est plus parfait sans doute d'agir par amour désintéressé du bien et de Dieu. Mais alors même qu'on serait surtout poussé par l'espoir de la vie future, il y aura toujours là en réalité un excellent stimulant d'abnégation, de justice, capable d'amener chacun de nous à sacrifier aux intérêts évidents de la collectivité, son intérêt personnel, si souvent égoïste.

Dufourcq. — Comment les Sillonistes prétendent-ils trouver dans la doctrine et la vie chrétienne, l'inspiration de leurs idées démocratiques ?

Caseneuve. — Oh ! combien la réponse nous est facile ! La Démocratie est pour nous l'organisation qui tend à porter au maximum la conscience et la responsabilité civiques de chacun. Qui pourrait ne pas voir l'analogie profonde existant entre une telle

une forme d'avantages ou sous une autre. Il se perdra pour se retrouver. De même « l'homme ayant besoin de la société pour vivre, si son caprice, son intérêt égoïste — qu'il ne faut point confondre avec son intérêt particulier, sa fin naturelle véritables — le pousse à s'enrichir personnellement en appauvrissant, tout autour de lui, la société, il est fatal que d'une façon prochaine ou éloignée, il se ressente lui-même de ce coup porté à l'organisme social. Car s'il est vrai que l'individu peut agir en bien ou en mal, sur la société, il n'est pas moins vrai que celle-ci, tôt ou tard, réagit sur lui, que cette réaction détermine une espèce de « choc en retour » dont il est souvent la victime ». (Le Sillon. 10 septembre 1905, p. 163). — Il ne serait pas difficile de constater la vérification de cette loi sociale dans le tort que les expulsions et fermetures de couvents ont causé aux « affaires » de beaucoup. Il leur aurait fallu le nerf d'un catholicisme intégral pour les résoudre à vaincre les tentations immédiates de l'égoïsme et à ne chercher leur véritable intérêt que dans celui de la société tout entière. Ils payent aujourd'hui la négligence ou l'aveuglement qui les a fait se désintéresser de la cause de la religion, si intimement liée à la cause du bien public.

vie civique et une vie chrétienne parfaite, c'est-à-dire éclairée, raisonnée? Rien a-t-il jamais grandi l'homme davantage que la doctrine éminemment catholique du *libre arbitre* qui affirme que tout homme, dans la mesure de ses moyens, est considéré par Dieu comme pleinement conscient, et par conséquent comme directement, personnellement responsable de ses actes? Prenons comme exemple la confession, et dites-moi s'il n'y a pas dans cette pratique ordonnée par l'Eglise l'affirmation la plus nette, la plus tranchante de la responsabilité personnelle d'un chacun, de la pleine et indépendante possession de soi-même? Quand je me confesse, c'est ma propre responsabilité qui est en jeu et qui est à la fois provoquée et exaltée. Or je vois là en substance, en germe, toute notre Démocratie. Si je suis tellement maître de moi et indépendant au point de vue spirituel, pourquoi ne le serais-je pas dans un ordre de choses beaucoup moins graves et plus près de terre? Si on me reconnaît la capacité et impose le devoir de me gouverner en souverain dans mon être moral, pourquoi n'aurais-je pas la capacité et le droit de me gouverner en souverain dans les affaires matérielles de la profession et de la politique? Qui est obligé au plus, peut bien faire le moins. Voilà comment une partie de notre morale catholique — pour ne parler que de celle-là — me paraît engendrer, emporter comme conséquence une véritable tendance vers la Démocratie.

Dufourcq. — Alors, d'après cela, tous les catholiques devraient être démocrates?

Caseneuve. — Mais oui, pour être logiques.

P. Lasplaces. — Il faut, à ce sujet, distinguer l'idée générique de démocratie et ses applications dans le domaine de l'économie sociale et de la politique. *Dans son idée générique et abstraite, la démo-*

Une distinction nécessaire.

cratie n'est autre chose qu'un *accroissement indéfini de conscience et de responsabilité ;* et jusqu'ici je pense que tous les catholiques seraient facilement d'accord pour désirer cela, sans autre détermination ; cela revient à désirer l'accroissement le plus large de valeur personnelle, et le catholicisme ne peut que favoriser et solliciter de ses membres ce développement et ce perfectionnement. Mais *dans ses applications,* la démocratie est *un état social* excluant certaines formes déterminées, en appelant d'autres où les vertus de conscience et de responsabilité auront le plus d'emploi ; elle s'appelle, en politique : *république ;* et sur le terrain économique : *coopération* par exemple, ou quelque autre régime destiné à se substituer progressivement au régime temporaire et périssable du salariat actuel. Et c'est ici qu'un grand nombre de catholiques ne nous suivent plus, et ne sont plus démocrates. Ils ne sont pas conséquents peut-être avec eux-mêmes, ils raisonnent mal, et ne tirent pas en face des réalités contingentes les conséquences qui découlent des principes qu'ils ont communs avec nous. Nous n'avons pas le droit de dire qu'ils ne sont pas catholiques. Disons, si vous voulez, qu'ils sont de bons catholiques, mais de mauvais logiciens.

P. Migno. — Catholicisme et démocratie sont donc sur le même pied au Sillon ?

Boutilhe. — En un sens, oui ; puisqu'il nous suffit au Sillon de vouloir réaliser la démocratie pour nous adresser à la force sociale du catholicisme, et que d'autre part, si nous voulons travailler pour le catholicisme, nous devrons le montrer sous un aspect sympathique au peuple ; notre catholicisme devra plaire au peuple ; et comme le peuple est démocrate, il ne lui plaira que s'il fait voir ses affinités avec la démocratie, que si la démocratie peut en attendre des services. Notre démocratie sera donc catholique d'inspiration, comme notre catholicisme démocratique d'allure. Et encore, comme je l'ai dit dans mon Rapport, nous ne voulons au Sillon faire du catholicisme qu'avec la démocratie, et de la démocratie qu'avec le catholicisme (1).

Senaux. — Il faut donc être catholique convaincu pour faire partie du Sillon ?

Plusieurs. — Mais oui.

Senaux. — Et comment obtenir ces catholiques convaincus ?

Un camarade. — Un moyen, c'est de prendre les enfants les meilleurs après la première communion, et de garder contact avec eux.

Un autre. — Il faut conquérir chaque individu, l'un après l'autre (2).

Duvergey. — Et cela fait voir comment le Sillon diffère sur ce point d'avec les Fédérations et l'A. C. J. F. qui cherchent à enrôler dans leurs cadres des groupes tout entiers.

Viguerie. — Camarades, je tiens à insister sur cette différence. Le Sillon n'est pas un organe fédératif dont le but serait de donner à des volontés fort diverses un minimum d'action commune sur un terrain commun, mais un mouvement unitif qui s'appuie sur une identité absolue de pensées et d'aspirations essentielles. Les fédérations ont leur utilité, ainsi que je viens de l'indiquer, mais encore une fois, le Sillon n'est pas une fédération : il en reste bien distinct. Ce qui ne veut pas dire que, appartenant soit au Sillon, soit à une fédération, nous devions nous laisser conduire par un esprit fâcheux de coterie, par un chauvinisme étroit. Nous

(1) Voir plus haut, p. 24.
(2) Voir plus haut, p. 7.

no devons pas entre catholiques nous faire soup-
çonner d'élever maison contre maison. Il ne faut
même pas travailler pour le Sillon. Qu'est-ce que le
Sillon ? C'est un instrument qui demain peut-être
se brisera et qu'il faudra remplacer par un autre.
Donc travaillons, mais ne travaillons pas pour le
Sillon.

P. Lasplaces. — Cette dernière parole me semble un peu exagérée. Nous disons : travailler pour
le Sillon, comme nous disons : travailler pour « la
Cause ». Les deux expressions sont également
légitimes, à mon avis, puisqu'elles représentent
pour nous deux choses tout à fait sacrées et imper-
sonnelles, le *catholicisme* d'abord, la *démocratie*
ensuite, fondues dans une alliance très étroite.

Viguerie. — En effet, mais je m'élevais contre
un chétif amour-propre qui pourrait nous tenter.
J'ai voulu dire simplement de ne pas se rechercher
soi-même, de ne pas viser uniquement au triomphe
de sa petite personnalité ou de son parti, de ne pas
mêler en un mot des préoccupations mesquines au
service de la Cause.

Glouchet. — Je ferai remarquer que dans nos
courses de propagande, nous adressant naturellement aux curés, nous en rencontrons qui refusent
décidément d'opter entre le Sillon et telle autre
organisation qui les sollicite, parce qu'ils ne veulent, disent-ils, s'inféoder à aucune. Il faut pourtant
les persuader qu'ils ne peuvent rester passifs et
indifférents devant un mouvement de la portée et
de la notoriété du Sillon. Quelque diversement
qu'on doive le juger, il force l'attention des esprits.
L'étudier au moins s'impose, puisqu'il offre une
solution de la crise religieuse et sociale actuelle :
c'est une question de probité intellectuelle et même
de zèle.

Duvergey. — A ce propos, un curé peut se demander ce qu'il a à faire si dans sa paroisse se trouvent deux ou plusieurs associations catholiques de divers noms qui sollicitent son appui et sa sympathie. La réponse a été donnée par Marc Sangnier dans une réunion d'ecclésiastiques qui se tint à Bordeaux au lendemain du dernier Congrès. Le prêtre, disait-il, placé par les exigences même de sa mission au milieu de gens de tous partis, de tous systèmes, de toute opinion, parmi lesquels il ne doit s'aliéner personne, ne peut se prononcer pour un groupement, le Sillon par exemple, à l'exclusion des autres ; si par goût il penche pour un, il ne doit pas faire voir une préférence trop marquée. Le mieux sera donc de se servir d'un jeune homme sûr comme centre et tête du groupe Sillon. Si les jeunes gens de ce groupe sont par ailleurs d'excellents chrétiens, le curé pourra les recommander aux sympathies de la paroisse, même en chaire, exhorter les jeunes gens à en faire partie, en s'appuyant sur ce qu'il y constate d'esprit chrétien. Il n'oubliera pas surtout de les mettre en communication fréquente avec le Sillon d'un centre voisin un peu important.

Joubert. — Puisqu'il y en a qui craignent de s'inféoder, de s'enchaîner, est-ce que l'on perd son autonomie en entrant dans le Sillon ?

Duvergey. — C'est comme si l'on disait que l'on perd son autonomie en se rendant mieux compte de soi-même, en devenant mieux et plus complètement soi-même. Quand je suis entré au Sillon, qu'ai-je fait ? J'ai constaté simplement qu'il y avait identité de pensées, d'aspirations, d'idéal, de projets d'action entre moi et les hommes dits du Sillon. Alors, au lieu de continuer à penser et à agir seul, j'ai résolu, pour être plus fort, de penser et d'agir en communion avec ceux qui déjà pensaient et agissaient comme moi. Je suis donc resté moi-même, et n'ai rien perdu de mon indépendance légitime, tandis que ma pensée et mon action ont gagné à se *socialiser* davantage, et par là à se discipliner. « Il suffit, dit Marc Sangnier, que deux glands de chêne tombent dans le sol pour que, sous l'influence du soleil, de l'air et de la pluie, croissent bientôt deux arbres semblables, deux chênes. De même, si le Sillon est vraiment en germe dans deux âmes humaines, spontanément celles-ci, sous l'action des mêmes spectacles, des mêmes évènements, des mêmes circonstances, produiront les mêmes sentiments, les mêmes pensées, les mêmes attitudes. Pas plus qu'un gland ne copiera l'autre dans son développement, bien que tous deux se développent de façon semblable, pas plus une âme ne copiera l'autre, bien que ce soit la même vie qui les anime toutes deux ; plus exactement encore, c'est justement parce que c'est la même vie qui est en elles, qu'elles agiront toujours ensemble dans la plénitude d'une liberté qu'aucune contrainte ne brisera, qu'aucune sujétion ne restreindra. De la sorte, nous aurons le maximum de discipline morale avec le maximum de liberté individuelle » (1).

Un camarade. — Peut-on espérer une action sillonniste de quelque importance de la part d'individus isolés la plupart du temps, à la campagne, en dehors de tout cercle d'étude ?

Viguerie. — Un exemple instructif à cet égard et encourageant est celui du Sillon de l'Yonne, qui est un Sillon rural où l'on trouve des Cercles d'études, un Institut populaire et des camarades isolés qui

(1) Le Sillon, 25 juillet 1905. *Le Sillon est-il un mouvement personnel ?* par Marc Sangnier.

travaillent réellement, s'il faut en croire leur revue régionale « la Bonne Terre » à laquelle nous avons abonné la Permanence de Pau (3 fr.), tant nous l'avons trouvée intéressante et pratique.

Caseneuve. — Dernièrement, la question était posée à un de nos Congrès trimestriels de Toulouse, et je me souviens de la réponse qu'y fit un Séminariste : « A la campagne, disait-il, pas de Cercles d'études ? Il y en a au contraire devant chaque porte ! » Et c'est vrai. C'est là, dans ces parlottes familières que nos camarades ruraux auront toute facilité pour placer et échanger des idées.

Une réponse.

P. Lasplaces. — Mais il me semble qu'on se heurte là à une difficulté qui peut arrêter les meilleures volontés. Il règne de par le monde, et plus peut-être à la campagne qu'ailleurs, un préjugé tenace contre tout prosélytisme, contre l'expression libre et franche de ses idées, en matière surtout de religion et de politique, c'est-à-dire sur les questions qui passionnent et divisent le plus les esprits et qu'un sillonniste aborde tout naturellement. C'est une maxime courante que l'on ne s'occupe pas des autres, et que si on a des idées on les garde pour soi. Chacun reste ce qu'il est et doit laisser les autres tranquilles. Je dis que c'est là une mentalité peu propre à encourager l'apostolat et la propagande, surtout isolée.

Un préjugé.

Caseneuve. — Aussi bien, je dirai que c'est une mentalité à réformer. Et peut être ce qui pourrait y aider, ce serait un respect scrupuleux et plus généralisé de toutes les opinions sincères dès qu'elles sont librement exprimées. Et par respect j'entends tous les égards dus à une opinion qui se fait jour. A ce point de vue notamment, le boycottage est une pratique fâcheuse, parce qu'il témoigne d'un man-

Respect des opinions.

que de respect des opinions (1). Si les gens étaient plus sûrs qu'il ne leur arrivera rien de désagréable, de vexatoire pour la libre manifestation de leurs opinions, ils parleraient et discuteraient davantage. Mais s'ils craignent un dommage matériel, ils se tairont et se renfermeront en eux-mêmes. Nous au moins, catholiques, il nous faut être justes et respectueux envers tous et particulièrement nos adversaires. Et à ce propos, je reprocher l justement au rapporteur d'avoir dit que nos républicains n'ont rien fait pour le peuple depuis 30 ans qu'ils sont au pouvoir. Pardon ! ils ont fait la république d'abord, et c'est quelque chose ; ils l'ont maintenue ensuite, ils l'ont défendue, ils ont lutté et souffert pour elle, et donc pour le peuple qui la veut. Puis ils ont bien fait quelques bonnes lois d'utilité sociale, — certaines, telles que la loi de 1884 sur les syndicats, d'une importance capitale, — et s'ils n'ont pas fait davantage, je ne crains pas de dire que ce sont les nôtres qui pour une large part les ont gênés.

Boutilhe. — Soit, qu'ils ont fait quelque chose. Mais ce que je constate, c'est qu'ils avaient promis beaucoup plus qu'ils n'ont tenu. Ils avaient promis l'avènement de la démocratie laïque idéale, et je constate que leur tentative a échoué. D'où je conclus à l'opportunité et à la nécessité de la Démocratie du Sillon, issue et aidée du catholicisme.

M. Pon. — Je demande à dire un mot à propos du boycottage dont M. Caseneuve a parlé, mais non pour attaquer ou défendre cette pratique. Toutefois, il me semble que nous avons nous catholiques, le droit de faire une distinction entre nos coreligionnaires et nos adversaires. Ces coreligion-

<hr>

(1) Voir « Le Sillon », 25 septembre 1905, *Le boycottage catholique*, par Paul Gemahling

naires sont ceux qui soutiennent nos œuvres, à la porte de qui nous allons frapper à chaque instant, qui sont taillables et corvéables sans pitié ni merci, que nos adversaires n'hésitent pas à boycotter plus ou moins, et pour eux beaucoup de catholiques n'ont aucune préférence, aucun égard, ils les ignorent, ils s'en vont porter leur argent à l'indifférent, au sectaire même qui marche contre nous avec nos pires ennemis. Ce n'est pas ainsi qu'agissent ces derniers ; voyez les protestants, comme ils se soutiennent entre eux. Ce n'est pas les catholiques qu'ils favorisent, ce n'est pas eux qu'ils aident à prospérer.

Caseneuve. — Je réponds à cette dernière observation par un fait tout personnel : mon meilleur client est un Juif. D'ailleurs cela fût-il dans l'ensemble comme vous le dites, ce serait aux catholiques moins qu'à tout autre à suivre cet exemple et à perpétuer cet état d'esprit.

M. Pon. — Mais enfin, vous êtes Silloniste, un de vos camarades est commerçant. Est-il concevable que vous passiez devant sa porte, pour aller acheter chez le voisin qui, je suppose, en veut à votre liberté religieuse et civique? Ce serait indigne, voyons !

Caseneuve. — M. l'abbé, parlons ainsi et nous nous entendrons. Si un commerçant est mon ami à moi, j'irai lui acheter avant tout parce qu'il est mon ami, et tout catholique peut être considéré à quelque titre comme un ami pour un catholique. Je m'abstiendrai donc d'aller acheter chez le voisin, non parce que ce voisin est anticlérical, ce qui serait du boycottage, mais parce que le catholique est mon ami, ce qui est du simple bon sens, et l'une raison n'est pas l'autre. Je suppose évidemment que les deux commerçants se valent pour la qualité et le prix des marchandises, car, autrement, le choix de la clientèle sera toujours et malgré tout vite décidé. Mais vous faites appel, M. l'abbé, à mes sentiments de Silloniste. Précisément, c'est comme tel que je m'élève contre le boycottage organisé et voici pourquoi : L'un des principaux buts du Sillon étant le rapprochement avec nos adversaires — rapprochement par lequel nous nous proposons de détruire ou au moins d'ébranler leurs préjugés anticatholiques, faits chez la plupart d'ignorance et de malentendus — notre premier soin ne doit-il pas être de prohiber énergiquement toute tentative qui rendrait plus difficile, sinon impossible, la tâche si urgente, mais déjà assez ardue, que dans notre filial amour pour l'Eglise nous avons osé concevoir ?

M. Pon. — Je ne puis que souscrire à ce que vient de dire M. Caseneuve sur le rapprochement avec nos adversaires victimes de leurs préjugés. Il est à désirer aussi que les commerçants catholiques soient à la hauteur de leur rivaux non catholiques ou sectaires. Mais actuellement, sont-ils inférieurs vraiment ? Ce n'est pas à croire, et quand même cela serait, si la différence n'est pas grande, notre devoir ne reste-t-il pas toujours de les aider, de leur donner notre confiance en retour des services qu'ils rendent à notre cause ? (1)

(1) On voit que Caseneuve est préoccupé d'un but à obtenir : détruire cette opinion fausse qui considère la religion comme un parti fermé jusque dans les relations économiques et sociales ; écarter les obstacles qui pourraient empêcher le rapprochement avec les adversaires. M. l'abbé Pon, si nous ne nous trompons, voulait surtout rappeler quelques règles de conduite qui ne sont pas contraires au principe de Caseneuve, mais simplement en dehors. Ainsi pour donner un exemple, il ne faut pas boycotter, d'accord : mais celui-là appliquerait la règle à l'envers qui, poussé par un libéralisme mala-

On étudie ensuite le projet d'un Prêt-Revue pour
« le Sillon » et « la Vie Fraternelle » que les camarades de Pau seraient chargés d'organiser. Caseneuve
n'en est pas partisan, vu, dit-il, que tout Cercle du
Sillon doit être abonné à la Revue de Paris, et aussi
au Supplément régional. Quant aux camarades isolés de la campagne, il est à souhaiter qu'ils s'abon-
nent directement autant que possible ; d'ailleurs,
s'ils ont de l'ardeur, ils ne seront pas longtemps
sans devenir le centre d'un groupement quelcon-
que. Ainsi, on ne voit pas quelle serait, parmi les
Sillonistes eux-mêmes, la clientèle du Prêt-Revue.
On se rend à ces raisons, et l'idée du Prêt-Revue
est abandonnée. A la place, la *Permanence* de Pau
pourra assurer un service-prêt de livres, brochures
et tracts.

On approuve également l'idée d'une correspondance périodique qui serait rédigée par les camarades de Pau et adressée aux autres camarades présents et futurs. Cette correspondance, destinée à
multiplier les relations et à faire entre nous une
cohésion plus intime, contiendrait surtout la chro-
nique régionale de notre mouvement. Ce serait donc
à chacun des camarades et des Cercles à lui fournir
des renseignements et à en faire vraiment l'œuvre
de tous. Viguerie fait remarquer enfin l'extrême
nécessité de cette incessante collaboration.

Nécessaire collaboration.

Viguerie. — Il faut bien se le répéter, camarades,
nous sommes tous engagés vis-à-vis du Sillon. Chacun de nous est responsable de tout le mouvement
comme s'il était seul. Ainsi il ne faut pas s'imaginer

dif, témoignerait encore plus d'intérêt au mauvais qu'au
bon, et qui, après s'être fait prêter de la porcelaine au
bazar catholique, irait faire ses achats dans le magasin
du franc-maçon. Cela s'est vu, paraît-il.

que le mouvement dans le Béarn soit représenté par les camarades de Pau seulement, parce qu'ils ont préparé cette réunion, parce que vous êtes venus chez eux aujourd'hui. Une autre fois ils pourront aller chez vous. En tout cas, le Sillon c'est nous tous (Très Bien ! Très Bien !) Dans vos localités respectives, vous n'êtes pas nombreux, nous ne sommes pas nombreux ici non plus ; mais pas de découragement pour cela ; soyez seulement les meilleurs, soyons tous les meilleurs, et quelque laborieux, quelques stériles en apparence que soient nos efforts, nous n'aurons pas perdu notre temps et notre peine.

Il est midi : la séance est levée.

RÉUNION PUBLIQUE

Dimanche, 6 août, 8 h. 1/2 du soir.

Catholicisme et Démocratie.

CONFÉRENCE DU Dr DUVERGEY.

(Nous empruntons au « Patriote des Pyrénées » l'article qu'il a consacré à notre « Journée » et spécialement à la conférence du Dr Duvergey).

Le Sillon a tenu hier et dès samedi soir une « Journée » à Pau.

Des « camarades » étaient venus des points les plus divers, et du département et d'en dehors du département, d'Orthez, de Pontacq, de Monein, d'Ossun, d'Aast, de Toulouse, de Bordeaux, même d'Espagne.

Deux cérémonies religieuses — l'une présidée par M. l'Archiprêtre de St-Martin — dans la chapelle de Ste-Ursule, deux réunions de travail, un « meeting », une conférence publique et contradictoire, un banquet de plus de cinquante couverts, avec toasts par douzaines, intercalés de chansons, le tout assaisonné de bonne humeur, d'entrain, de jeunesse, de pensée chrétienne, tel a été le bilan de cette « Journée ».

Nous ne parlerons pas des réunions de travail ; cela regarde surtout les membres du Sillon, et ils liront sans doute ailleurs le compte-rendu des rapports et des discussions qu'on y a entendus. Mais il importe de dire un mot de la conférence publique et contradictoire.

Elle a été donnée dans la belle salle de l'hôtel de la Poste. Une foule nombreuse et élégante s'y était rendue.

L'orateur était M. le Dr Duvergey, chef de clinique à la Faculté de Médecine de Bordeaux. Pendant plus d'une heure, sa parole précise et claire a vivement intéressé l'assistance. Sa conférence bourrée d'idées et de faits ne comporte guère l'analyse ; il faudrait la citer *in-extenso*, c'est un véritable traité de la démocratie du Sillon. Prenons quelques épis dans cette immense gerbe.

On nous reproche, dit-il, d'avoir divisé à l'infini la conscience nationale. La monarchie, dit-il, faisait en elle l'unité, concentrait toutes les forces. C'est comme si on reprochait au christianisme, répond M. Duvergey, de diviser, d'émietter la divinité, parce qu'il a remplacé le Saint des Saints de l'ancienne Loi par l'Eucharistie, par Dieu présent dans toutes nos églises ; non, le christianisme n'a rien brisé, mais il a multiplié ce qui n'était qu'un, il a enrichi le patrimoine divin de l'humanité. De même, la démocratie ; elle n'a pas divisé, amoindri la conscience nationale, elle l'a agrandie, multipliée et fortifiée, en la développant dans chaque individu.

Oui, mais dans la royauté, l'intérêt particulier et l'intérêt général de celui qui représente la nation se confondent, tandis que dans la démocratie ces deux intérêts sont souvent en conflit. M. Duvergey ne le nie point. Aussi le rôle de la démocratie, dit-il, est d'élever assez haut l'âme de chaque citoyen pour qu'il préfère le bien général au bien particulier. Et voilà pourquoi, ajoute-t-il, la démocratie sera chrétienne ou ne sera pas. Le Christ seul, en effet, peut donner assez de vérité, de justice et d'amour au peuple pour le grandir et le rendre capable de remplir le rôle qui lui appartient. La démocratie, par conséquent, non seulement ne peut pas être organisée contre le catholicisme, mais on ne l'aurait même pas conçue sans le catholicisme. Toute cette partie de la conférence est très belle et fréquemment applaudie.

Mais disent ses adversaires au Sillon, si vous êtes catholiques à ce point, comment pouvez-vous être en même temps républicain, pour un gouvernement qui persécute votre religion ?

La vérité, répond M. Duvergey, est que les catholiques sont persécutés non par la République, mais par les démagogues qui se sont emparés du pouvoir. Mettez à leur place d'autres hommes et la République ne persécutera pas. La grande faute des catholiques de France est de n'être pas entrés dans la République, d'avoir boudé la République, d'avoir combattu les aspirations du pays sur ce point, le plus important de tous à ses yeux.

Le Sillon est encore attaqué à cause de ses doctrines économiques. Il ne croit pas à l'éternité du patronat et du salariat. Il envisage comme probables leur disparition à une date plus ou moins prochaine, de même que disparurent autrefois l'esclavage et le servage. Mais, au lieu de procéder violemment, de vouloir, comme le socialisme, briser immédiatement le moule social, le Sillon procède méthodiquement, scientifiquement. Il cherche, il prépare les formes nouvelles qui remplaceront les vieux systèmes. Une de ces formes est la coopération de production qui permet au producteur, à l'ouvrier, de recevoir le prix donné par l'acheteur, sans en voir la plus grande partie prélevée par l'intermédiaire. Ici l'orateur donne des détails navrants et vécus, constatés de visu, sur ces pauvres ouvrières de Bordeaux et d'ailleurs, qui travaillent à vil prix et permettent aux exploiteurs de s'enrichir de leur sueur et de leur faim.

On le voit, le Sillon, sans être l'ennemi du patronat, est cependant plus préoccupé de la classe ouvrière Aussi tout en déplorant que beaucoup de syndicats ouvriers soient envahis par la politique, il demande qu'on laisse les ouvriers s'organiser entre eux ; il ne veut pas que les patrons cherchent à mettre la main sur leurs organisations. A cette occasion, il dit un mot des syndicats jaunes. Il rend justice à plusieurs de ces syndicats, qui ont lutté courageusement et efficacement contre la démagogie des syndicats rouges, mais il déplore que d'autres se soient laissés dominer par les influences patronales et soient devenus des instruments anti-démocratiques.

OBSERVATION

Au sujet de certaines expressions mal interprétées de l'orateur, quelques-uns se sont demandés avec inquiétude quelle est en somme l'attitude du Sillon vis-à-vis des *directions pontificales*.

Nous répondons : attitude d'une *conformité absolue*. En effet, qu'appelle-t-on *directions pontificales* sinon les exhortations pressantes que Léon XIII a faites aux catholiques français d'adhérer sans arrière-pensée au régime républicain, et de marcher avec le courant démocratique du jour ? Or qu'a fait le Sillon depuis qu'il existe, sinon marcher et à pleines voiles dans cette direction, et irions-nous le blâmer parce qu'il l'a fait mieux que par résignation et devoir, parce qu'il l'a fait par goût, par choix, par amour ? On le voit, ce n'est pas le Sillon, à moins de le confondre avec un mouvement réactionnaire et monarchiste (1), qui est intéressé à

____

(1) « La France » et la « Petite Gironde » ont commis cette confusion. Elles dormaient donc pendant la conférence ? Tout était fini cependant à dix heures un quart.

poser des limites à l'intervention du Pape dans les affaires des catholiques (1).

Au reste, notre règle souveraine est celle de tout catholique : en dehors des directions qui ne dépassent pas la portée du simple conseil, quand le Pape *commande*, porte un *ordre formel*, le catholique obéit. Il y a toujours présomption que le Pape intervient justement. Si le fidèle croit avoir affaire à une erreur ou un abus de pouvoir de la part de l'autorité, il commence par s'incliner, sauf à recourir aux moyens ordinaires de faire valoir respectueusement son opinion ; et de la sorte, la pensée libre ne perd jamais ses droits.

(1) Quant à ceux qui depuis l'Encyclique de 1892 usent vis-à-vis de la parole pontificale d'une indépendance *si large*, et qui voulaient nous reprocher des tendances à l'insubordination, leur indignation calculée nous a rappelé le mot de Jésus aux Pharisiens : « Malheur à vous, Docteurs de la Loi, parce que vous voulez écraser les autres de fardeaux auxquels vous ne toucheriez pas du bout des doigts. »

(Luc. XI, 46).

CONCLUSION

Nous terminerons ce compte-rendu en citant une page pleine d'à-propos que nous lisons dans « l'Esprit démocratique » (1).

« Saluons par un appel à l'espérance l'éclosion spontanée de tous ces *Sillons de province* qui sont venus prouver toute la force originale et autonome de notre mouvement. Qu'ils demeurent fidèles à la vie dont ils ne sont que l'expression ; qu'ils aient la sagesse de ne pas se laisser éblouir par de trop rapides progrès ; qu'ils sachent bien que leur rôle ne sera jamais de devenir une savante organisation, plus puissante sur le papier que dans la vivante réalité ! Leur fécondité trouvera, en quelque façon, sa mesure même dans leur humilité, si toutefois ce mot convient encore lorsque le cœur, détaché de ce qui n'est qu'apparent et superficiel, se sent tout rempli de fraternité vraie et d'amour surhumain. Au reste, que partout nos *Sillons* demeurent de bonnes et simples maisons, hospitalières à ceux que ne saurait contenter la vie factice et fausse, embroussaillée de partis pris et de conventions, d'intrigues et d'égoïsmes coalisés !

» Qu'ils soient incapables de jamais satisfaire ceux que

(1) *L'Esprit démocratique*, par Marc Sangnier, p. 103.

tourmente l'ambition, qu'aveuglent les préjugés, n'ouvrant jamais leur porte à ce méchant bagage ! Qu'ils restent les douces et imprenables citadelles de la loyauté, de l'amour plus fort que la haine !

» Qu'ils ne se laissent jamais toucher par ces mains imprudentes et étrangères qui étouffent l'avenir sous leurs funestes étreintes ! Qu'ils soient le souple et mystérieux réseau, retenant entre ses mailles serrées et fortes les générations qui montent à la lumière de la vie, pour les libérer, les purifier, les exalter, les unifier, les former à la discipline sublime de l'amour !... Qu'ils soient vaillants et forts et triomphants ! Que Dieu les garde ! »

BIBLIOTHÈQUE NATIONALE R. F. IMPRIMÉS

PAU

IMPRIMERIE CATHOLIQUE. — O. LESCHER-MOUTOUÉ, IMPRIMEUR

11, Rue de la Préfecture

—

1905

www.ingramcontent.com/pod-product-compliance
Lightning Source LLC
Chambersburg PA
CBHW061256060726
47596CB00002B/623